JN409292

하늘로 보내는 편지

하늘로 보내는 편지

박일소 시집

도서출판 채운재

‖ 작가의 말 ‖

눈물로 쓰는 편지

88년 7월 23일 39년 만에 내 육신을 통해 잉태된 늦둥이 아들을 품에 앉고 내 삶 속의 보랏빛 꿈들을 모두 접은 체 이 순간부터 아들만을 위해 살고 훌륭하게 성장한 아들의 미래를 향하여 어떤 고통도 감내하겠다고 신께 감사 드리며 맹세도 했었습니다. 거친 세상 속에 단 하나의 핏줄은 외아들뿐이었기에 우리 모자는 서로를 의지하며 비록 물질은 가난했지만, 사랑만은 풍요하여 행복했던 날 많았었지요.

그러나 어느 한 날 신께 맹세한 그 기도가 잊혀지기도 전에 사랑스런 내 아들은 어머니를 부르지도 못한 체 차디찬 길바닥에서 스무 살 젊은 꽃송이로 그렇게 피를 흘리며 쓰러져서 어쩌면 제 얼굴을 떠올리며 어머니 미안합니다를 되 뇌이다가 그렇게 하늘의 별이 되어 떠나고 말았습니다.

죽음을 인정하지 않으려 하늘의 별을 본지도 오래전의 일이지만 모성애의 꿈마저 잃어버린 여심으로는 숨을 쉬고 있어도 죽은 자 같기도 하여 솟구치는 눈물도 삼켜야 했으며, 때로는 소리 내어 엉엉 울어 보기도 했었습니다.

친구 같기도 애인 같기도 했던 착하기만 했던 아들…….

그러나 또 하나의 비운은 내 주변을 쉽게 떠나지를 않고 어딘가에 안치 되어 있을 아들을 찾아 헤매던 몇 달 동안은 지옥 같은 삶 그 자체였습니다. 생업을 팽개치다시피 하고 법원으로, 벽제 승화원으로 발이 닳도록 울며 찾아 헤맨 끝에 8개월 만에 용미리 추모의 숲으로 보내졌다는 걸 알고 뜨거운 태양의 어느 여름날 그곳에 갔으나 공허한 바람만 맴돌 뿐 흔적조차 찾지를 못하고 추모의 숲 어딘가에 사랑하는 아들이 잠들어 있다는 말만 관리인에게 들었을 뿐이었습니다.

살아생전에 시를 좋아하던 어머니를 위해 시집을 꼭 내주겠다고 아르바이트를 열심히 하던 아들의 한을 조금이라도 덜어주기 위해 비록 내 손으로 시집을 출판했지만 내 시를 즐겨 읽어주던 모습을 떠올리며 이곳 어딘가에 아들이 잠들어 있는 잔디 위에 꽃바구니를 놓고, 시집 『꽃 아래 마음의 거울』을 놓고 왔습니다. 그 순간에 너무 불쌍하고 애처로워 엉엉 소리 내어 울고도 싶었지만, 소리 내어 울어야만 절규가 아니기에 가슴으로만 울며 돌아왔었습니다.

친구의 손에 그렇게 친구 대신 갔지만, 착한 아들 곁에 좋은 친구들이 있었듯이, 내 곁에도 시를 좋아하시는 마음 따뜻한 좋은 분들이 있어 견뎌 낼 수 있었습니다. 아들 곁으로 가고 싶어도 갈 수 없고, 보고 싶어도 볼 수 없기에 더 가슴 아프지만. 이제는 아들을 위해 뼛속까지 스미는 아픔도 참고 내 인생이 마감하는 날까지 아들이 그리울 때마다 통곡 대신 시를 쓰며 하늘로 보내 보렵니다.

아들을 위한 유고를 엮어 발간한 두 번째 시집 하늘로 보내는 편지』를 먼 하늘의 별이 된 아들에게 보내면서…….

2010년 7월 박일소

차 례

제1부. 천사가 된 아들

제2부. 가버린 눈물의 사랑 꽃

제3부. 영혼의 무게

제4부. 자서전

제5부. 방명록

■ 차 례 ■

작가의 말 - 눈물로 쓰는 편지 … 4

제1부
천사가 된 아들

누굴 위한 삶인가 … 14
용미리 추모의 숲 … 16
용미리 붉은 단풍 … 18
꽃이 피어도 … 19
목련이 지는 아침 … 20
못 잊어 … 21
그리움 · 1 … 22
그리움 · 2 … 23
보고 싶은 우리 아들을 찾습니다 … 24
사랑하는 아들에게 · 1 … 26
사랑하는 아들에게 · 2 … 27
계절이 바뀌어도 못 오는 아들에게 … 28
용미리 추모의 숲에 있는 아들 종에게 … 30
용미리 추모의 숲 네가 있는 곳 … 32
주인 없는 입영통지서 … 34
목욕을 하며 … 35
아들아 어디로 갔니 … 36

환청 … 37
너 간곳 … 38
치료 약 … 39
아들 … 40
하늘로 보내는 편지 · 1 … 42

제2부
가버린 눈물의 사랑 꽃

남은 시간 … 46
보고 싶다 … 47
불러도 대답 없는 아들 … 48
꿈을 희망을 … 49
문을 열고 … 50
빈 꽃바구니 … 51
사건 기록을 보고 나오면서 … 52
4월의 비 … 53
난 꽃대를 보며 … 54
절규 … 55
돌아오는 길 … 56
돌아오라 … 57
주인 잃은 침구 … 58
벽제 승화원에서 … 59

무슨 꿈 어디에 희망을 걸고 … 60
아들 핸드폰에서 들리는 소리 … 61
불러도 대답 없는 아들 … 62
마음 붙일 곳 없다 … 63
한 … 64
민통선의 봄 … 65
잃어버린 프리지아 … 66
내 아들 김종 … 67
하늘로 보내는 편지 · 2 … 68

제3부
영혼의 무게

종 꽃 … 72
어쩌면 좋으냐 … 73
여태껏 오지 못하고 … 74
서울 광장에 내리는 비 … 75
울고 싶다 … 76
내 마음의 간이역 … 77
우리 만나면 헤어지지 말자 … 78
종이학을 잘 접던 아들 … 79
가슴속 영혼의 무게로 간 아들 … 80

울지마, 건강해야 해 … 81
태권도 4단 우리 아들 … 82
바람 부는 여름 밤 … 83
민통선 그 겨울에 … 84
동백꽃잎보다 더 붉은 울음 … 85
종이학 … 86
끝나지 않는 아픈 시간 … 87
꽃, 엔젤트롬펫 … 88
빈터에서 … 89
비 오는 날 석관동에서 … 90
보고 싶다 · 2 … 92
이별 … 93
가버린 눈물의 사랑 꽃 … 94
하늘로 보내는 편지 · 3 … 96

제4부
자서전 … 100

제5부
방명록 … 111

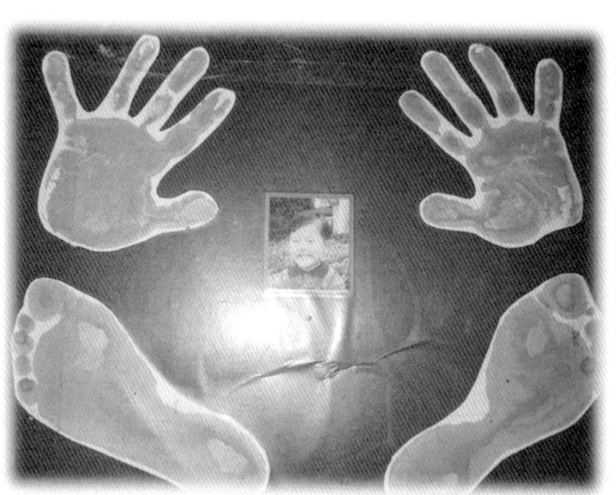

제1부.

천사가 된 아들

누굴 위한 삶인가

-내 아들, 김종이 잘 부르던 노래 제목

아들아!
사랑하는 내 아들 종아!
구름에 꿈 하나를 걸어 두고
그 꿈 따라 어디로 갔니?
어미 가슴에 그리움 묻어 두고
어디로 갔니?

너의 맑은 웃음이
못 견디게 그리운 날은
어디서 찾으라고
너는 누굴 위해 20년
짧은 생을 살다 갔니?

가슴 깊숙이 묻어둔
이 아픔이
터져버린 가슴이
피눈물 흘려도 가시질 않는구나

아들아!
사랑하는 내 아들 종아!
어미는
오늘도 네가 너무나 보고 싶어
네 흔적만 찾고 있구나

아들아!
사랑하는 내 아들 종아!
나는 네게 꿈을 걸어두고 살아왔는데
이제 그 꿈을
바람에 날려 보내고
어디에 희망을 걸고 살아갈까

아들아!
사랑하는 내 아들 종아!
너를 바람에 날려보낸
어미의 가슴은 터져버려
꿈도 희망도
하늘로 날아갔구나

용미리 추모의 숲

눈 오는 날
의정부 성모병원 영안실을 떠나
천도天道의 불길 속
하늘의 별로 피어 간 벽제 승화원

아들아 너를 찾아
물어물어 이곳 용미리까지
이제야 엄마가 왔다

어차피 인생은 한 번인걸
언젠가는 헤어지지만
왜 이리 서러워 가슴 찢어지게 저려올까

목놓아 아들을 부르다
내려오는 숲길엔
까치만 무덤가에 노닐고
노오란 산나리 꽃은 함박지게 웃고 있다

8월의 뜨거운 폭염에도
용미리 추모의 숲엔
붉은 단풍이 곱기만 하다

살아생전 너의 환한 웃음처럼…

용미리 붉은 단풍

못다 한 사연 두고
잠든 영혼들의 마음이 모여서일까

여러 산사람이 쏟고 간
눈물을 먹고 자라서일까

청춘에 잠든 아들
어미의 애타는 마음이
그곳에 스민 때문일까

봄인데도 용미리 단풍은
유난히 붉다

꽃이 피어도

봄 돌아와
천지에 꽃이 만발하여도
내게 피던 귀하고 착했던
아름다운 생명의 꽃(아들)이
사라진 지금
천지에 피는
예전에 그토록 아름답게 보였던 꽃이
아름다운 줄을 모르겠네.

목련이 지는 아침

천상으로 놀러 간 아들이
홀로 남겨둔 어머니 위해
어두운 마음 뜰에
등불 밝히다
끝내는 끝내는
천상의 소식인 듯
봄날
못 잊어 두고 간 어미에게
종이비행기 하얗게 접어
소식 날리고 있다

* 아들 종鐘이 받아온 종이접기 상장을 보고 쓴 시

못 잊어

-아들에게

20년 세월
너와 함께 한 이야기가 살아서
가슴에서 가슴으로
흘러내린다

너 그렇게 갔지만
하 많은 세월
날이면 날마다
꿈이면 꿈속에
못 잊어 생각이 난다

돌아올 기약도 없는데
왜 이리 몸부림으로
눈물 속에 너 못 잊어 못 잊어
그립다

그리움 · 1

사랑방 시낭송회 사회를 보는 윤제철 시인님과
해물탕 찌개를 먹고
윤 시인님은 4호선
나는 1호선으로
헤어져 돌아오는 길
밀레오레, 두산타워 돌아서
매일 저녁 열리는 젊은 이벤트
넘치는 젊음에 섞여
홀로 서서 바라본다

'가버린 아들도 저러고 놀았을 거야'
뼛속까지 스미는
아픔이
보고 싶음이
이 저녁 불빛에
눈물로 한없는
그리움에 젖는다

그리움 · 2

네가 간
아픈 빈자리
미칠 듯 보고 싶은
그리움

보고 싶은 우리 아들을 찾습니다

보고 싶은 우리 아들을 찾습니다

이름은 김종
실종 당시 나이는 19년 137일 20시간 살았습니다
신장은 172cm
갸름한 얼굴
눈은 봉안에 흰 피부
태권도 4단에 장안대 1학년생
특징은 얼굴 모습이 탤런트 권상우를 닮아서
롯데월드 "천국의계단" 촬영장소를 자주 찾았다 합니다

마음은 고와 인성 부분 상, 선행 상, 우정 상, 준법 상, 도덕 상 등 많은 표창장과 손재주가 좋아 종이접기 상, 행글라이더 상, 십자수 상을 받았고 그림 그리기 상, 웅변 상, 한자 상도 받았으며 피아노도 잘 치던 아들

종이학을 접어 지인과 친구들에게 선물을 많이 했습니다

엄마 생일엔 손수 미역국을 끓여 주기도 한 착한 아들이었습니다

잃어버린 장소는 의정부시장 옆 "종가대박집" 식당 안
친구의 군입대 송별식장에서
다른 친구(이만세)인 줄 알고
친구(김종훈)가 식칼로 찔러
억울하게 너무 억울하게 죽어
찾으면 돌아 올것 같아 이렇게 광고를 합니다

아들을 찾아 주시는 분에게는 전 재산을 후사하겠습니다
보고 싶은 우리 아들을 찾습니다

사랑하는 아들에게 · 1

아들아!
너를 찬 바람 속으로 날려 보내고
남겨진 상처가 너무 깊어
사진 속 네 얼굴 그리며
밤마다 날마다 울어도
그리움은 더욱 깊어 가는구나
너 없는 세상에
이제 이 엄마는
무슨 꿈으로
어디에 희망을 걸고 살아갈까?
네가 살아서 돌아온다면
이 세상 무엇을 준대도
너와는 바꾸지 않으리라
내 사랑하는 아들아!

사랑하는 아들에게 · 2

보고 싶은 아들아
크리스마스이브다
케이크를 들고
행여 하는 마음으로
체육관으로 널 보러 갔었으나
불 꺼진 체육관에
네 기합소리마저 멈춰져 있어
눈물만 쏟고 돌아섰다
아들아
지금 너는 어디에 있니
보고 싶은 아들아

계절이 바뀌어도 못 오는 아들에게

아들아
어둠 내린 창가에
4월의 아린 꽃 비가 내린다

눈꽃 피던 계절에 간 네가
꽃 비가 내리는 계절이 되어도 못 오는 것이냐

너덜너덜한 갈퀴 손이 되도록
내리는 꽃잎 모아 꽃신 지어
네게 보내 주면 그신발을 신고
어미 곁으로 돌아 올 수 있겠느냐

내 눈에서 하염없이 흐르는
피눈물로 물길을 만들어
배를 띄워 주면 그 배를 타고
어미 곁으로 돌아 올 수 있겠느냐

너 간 곳이 어디기에
이다지도 못 오는 것이냐 그 길이 어느 길이길래
그토록 먼 길이기에 못 오는 것이냐

아들아
언제나 열린 저 문으로
어미 속 태우지 말고 돌아오려무나

기다린다
사랑하는 아들아

* 2008년 4월 28일 새벽.
어미가

용미리 추모의 숲에 있는 아들 종에게

어제서야
종
너 있는 곳 갔다 왔다
맘 아프게 살다간 너
엄마가 너무 몰라서
너를 그곳에 가게 했구나

네 아빠가
화장터 옆에 두고 갔을 때
이튿날이라도 널 데려왔으면
이렇게 힘들게 찾지 않아도 되었을 걸…
네가 좋아하던 해운대에라도 갔을 걸

종아
네가 원치 않는 곳이지만
행복해야 한다

경기도 파주시 광탄면 용미리
추모의 숲 A 구역으로
2007년 12월 20일경 옮겼노라고
관리인이 그렇게 말하더라

그날이 엄마 꿈속에서
여러 사람 같이 어울려 배 타러 가던 날이었던 것 같다

친구를 좋아한 너!
어차피 인생은 가는 거라지만
너무 허망하게
친구(종훈)의 손에
친구(만세) 대신 갔느냐

종아
보고 싶다
가슴 찢어지도록 목매게
보고파 해도 못 오는구나.

엄마는 너 없이 어찌 사냐
사랑하는 내 아들 종아

엄마에게 효자였던 너!
엄마의 이번 생일엔
누가 미역국을 끓여 준다냐

* 아들이 가고 찾아 헤맨 지 8개월 만에 용미리 추모의 숲으로 보내졌다는 걸 알고 다녀왔다

용미리 추모의 숲 네가 있는 곳

2007년 12월 4일 저녁 8시경
의정부 종가대박집 식당에서
친구(김종훈)의 모진 칼날 아래
친구(이만세) 대신 억울하게 간 너
착한 너를 잊지 못해

2007년 12월 6일
눈 오는 날
의정부 성모병원 영안실을 떠나
5번 연화구에서 천도 불길에
하얀 너무도 하얀 뼛가루가 되어
하늘로 사라진 벽제 승화원

네가 담긴
“항아리 번호는 80번
12월 20일쯤 이곳으로 옮겨져
추모의 숲 A 구역
파란 통 오른쪽에서부터 2번째
정면으로 보이는 곳 주변 잔디에 묻혔다고 우리가 관리를 잘하고 있으니 너무 서러워 마세요”라고
관리인이 위로의 말 하더라

아들아
엄마는 네가 없는 세상 사는 게 죽는 것 보다 더 어렵구나

* 천도 불길에서만 시신이 탄다고 함

주인 없는 입영통지서

강원도 춘천시 신북읍 용산리 102 보충대
2008년 6월 10일 입소

엄마는 어디에서 너를 찾아
입영통지서를 줘야 할까?

20년 봉우리만 맺고
청춘도 못살다간 너
무참히 친구의 칼에
친구 대신 간 너를…

목욕을 하며

아무리 오열을 해도
내 사랑스럽던 아들은
돌아오지 않네
흐르는 물소리와
너의 목욕하던 모습이
들리는 듯해도
내 분신인 아들은
돌아오지 않네
아무리 붉은 울음 울어도
짐승 같은 울음만 터져 나와
들리지 않는 보이지 않는
네 모습 네 목소리 그립구나

아들아 어디로 갔니

책상 위의 책도
옷장 속의 옷도
네가 즐기던 컴퓨터도
그대로인데
종아
너는 어디로 갔니
엄마 혼자 차운 방에 두고
너는 어디로 갔니
새벽 가슴에 못이 되어
홀로 깬 밤
엄마는 너를 찾고 있다
너를 찾고 있다

환청

너를 보낸 어미의 가슴이
이렇게 아픈 것이냐
네 영롱한 눈빛
찬연한 몸짓이
가슴에서 출렁이는데
엄마하고 부르며
문을 열고 들어 설 것만 같은 목소리
환청이 들리는
밤이 또 지나고 있다
언제 돌아오려나 어둠 속에서
잠그지 못하는 문을 바라보며
뿌연 밤을 지새운다

너 간곳

아들아 어미를 버리고
너 간 곳 어디드냐
네가 못 온다면 어미가 갈거나
너 간 곳 알려 주려무나
나도 따라가고 싶다.

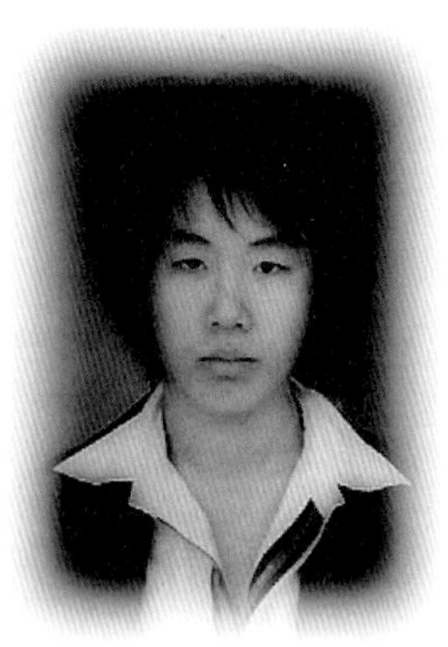

치료 약

의사선생님
기분 좋아지는 약 없나요
가슴이 너무 슬퍼
무너져 내리고 있어요
무너져 내리는 가슴속을
치료할 수 있는 약
없나요

아들

내 나이 오십에
열살 먹은 아들 하나
이 세상에 단 하나밖에 없는 피붙이
남들은 손자 볼 나이에
고놈을 낳았다

고놈이 내 옆에서 잠을 잔다
어려선 혼자 자드니
어찌 지금은 내곁에서 자고 싶어 한다
제 방에서 잠을 자다
눈을 감고 내방으로 건너와 잔다

잠자는 아들놈의 얼굴을
물끄러미 들여다보면
이 세상 고요와 평화가
다 깃들어 있어 행복하다

무슨 꿈을 꾸는지
히죽이 웃는다

귀여운 내 아들
그놈이 내 곁에서 잠을 잔다

젊어선 그냥저냥 살았지만
나이 들어 생각해보니
고놈이 없었으면
어찌 살았을까 싶다

사랑스러운 내 아들
마냥 귀엽기만 하다

하늘로 보내는 편지

아들아
오늘이 네가 간 1년 전 그날이구나
자는 모습을 새벽에 본 것이 마지막이었구나
이렇게 허망하게
20년을 살다가 갔느냐

아들아
용미리 추모의 숲
한 줌 재로 묻힌 곳에
꽃 열두 송이 두고 왔다
세준이 만음이 효재 대철이
근주누나 수진이 경률이 하니
진이 동훈이
엄마 아는 동생

아들아
영숙이 누나는
이튿 날 회사까지 빼먹고
널 보러 갔다더라
너는 다 알고 있지?

사랑한다

아들아

* 2007년 12월 4일(음력 10월 25일) 저녁 8시경 감.
2008년 12월 4일 엄마가.

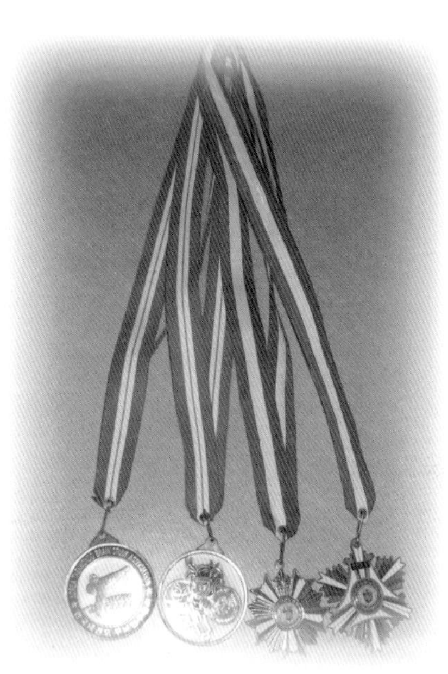

제2부.

가버린 눈물의 사랑 꽃

남은 시간

열 달 동안
너를 품고 있는 동안은
너무도 행복했었다
네가 세상에 태어나
20년 동안 기쁨을 주고
내 생의 남은 시간
이렇게 또 암흑을 주고 가는구나

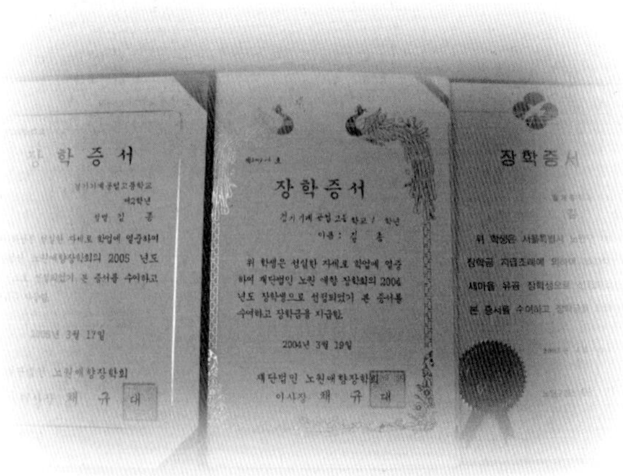

보고 싶다

너덜너덜
걸레가 된 마음
갈가리 찢기어
도저히 어찌해 볼 수도 없구나
종아
내 사랑하는 아들아
너 지금 엄마를 보고 있느냐
너무도 보고 싶구나

불러도 대답 없는 아들

아들아 너 있는 곳 어디냐
아무리 불러봐도
전화를 걸어봐도
네 목소리는 들리지 않는구나
너 그 순간 얼마나 아팠을까
어미 가슴이 무너진다

꿈을 희망을

난 네게 꿈을 걸고
희망을 걸고
어미의 전부를 걸고
살아왔는데
너는
구름 따라 가고
내 꿈을
내 희망을
바람에 다 날려 보내고
말았구나

문을 열고

문을 열어 놓고
행여 올까 봐
목을 빼고
문밖을 내어다 본다
아무리 기다려도
너는 어디를 갔는지
돌아 올 줄 모르구나
찬바람에
헝클어진 머릿결만 스친다

빈 꽃바구니

작년 어버이날
카네이션 한 다발 사 들고 온 아들
서글서글한 말로
“어무이 축하해요”
지금도 귀에 쟁쟁히 들리는데
너 어디에 가서 못 오고
빈 바구니만 있느냐

사건 기록을 보고 나오면서

검찰청 문을 나서며
통곡을 했었다
너 보고 싶어 몸부림을 했었다
엄마가 이렇게 아픈데
칼에 찔린 그 순간 얼마나 아팠었느냐
내 아들아

* 칼 길이가 35센티미터 였고 칼날 길이가 20센티미터 였는데 칼날이 19.5센티미터가 심장을 통해 비장과 폐까지 들어가 사인은 '저혈성 쇼크사' 라고 기록이 되어 있었다.

4월의 비

4월 비가 내린다
찢어진 우산살 사이로 비가 내리는 날
의정부 법원엘 간다
우리 아들을 살해한 종훈이의
판결문을 받으러 법원엘 간다
살부러진 우산살 사이로 빗물이 흐른다
볼을 타고 눈물비가 흐른다
우산이 운다
내가 운다
서러움의 눈물비가
가슴으로 가슴으로 흘러내린다

난 꽃대를 보며

난 꽃,
너는 봄 되면 올라오는데
종아 너는 어디 먼데로 갔기에
이토록 돌아오지 못하고
엄마 가슴을 아프게 하느냐
꽃처럼 때가 되면 돌아 오려무나

절규

너 없는 겨울
아들이 가고 없는
올겨울은 혹독하게 추웠네
주위를 둘러봐도 아무도 없고
벌거벗은 마음뿐이네
허허로운 들판에 홀로 서서
아무리 돌아오라고 외쳐도
돌아오지 않는 빈 메아리뿐
추운 가슴 속으로 빙하 안 흐르네

돌아오는 길

목숨보다 더 사랑했고
이 세상에 하나밖에 없는 귀한 내 아들아
너 간 곳 어디기에
돌아오는 길이 이토록 먼 것이냐

돌아오라

돌아오라
돌아오려무나
엄마 곁으로
무척이나 보고 싶구나

가슴 찢어지게
외쳐 불러도
어찌하여 못 오는 것인지
돌아올 줄 모르는구나

주인 잃은 침구

돌아눕는 신새벽
내 곁에서 잠들던 아들아
빈 이불과 주인 잃은 베개뿐
쓸어안아 봐도 너는 잡히지 않는구나
깔끔한 네 성격
깔끔한 네 모습 간 곳 없고
피투성이 잠든 모습으로 보내야 했던
어미의 가슴속이 쓰리고 쓰리다

벽제 승화원에서

불러도 대답 없는 아들아
너 이름 없이 어디로 갔느냐
울어도 소용없고
보고 싶어도 볼 수 없는데
너 찾아 이곳 벽제에 왔다
이곳에서 천도의 불길 속에 한 줌 바람 되어 간 너
그래도 네 목소리 귀에 들리는 듯
"어무이" 하며
어쩌면 살아서
뚜벅뚜벅 걸어 들어 올 것 같은 착각 속에
눈물로 오늘 하루가 저물었다.

* 아들이 어디로 간지를 몰라 찾아온 벽제 승화원에서.

무슨 꿈 어디에 희망을 걸고

너를 찬바람 속으로 날려보내고
남겨진 상처가 너무 깊어
사진 속 네 얼굴 그리며
밤마다 날마다 울어도
그리움은 더욱 깊어가는구나
너 없는 세상에
이제 이 엄마는 무슨 꿈으로
어디에 희망을 걸고 살아갈까
네가 살아서 돌아온다면
이 세상 무엇을 준대도
너와는 바꾸지 않으리라
내 사랑하는 아들아

아들 핸드폰에서 들리는 소리

아들이 부르는 핸드폰 소리

살다가 살다가 살다가 커질 텐데
바로 이런 슬픔으로 흐려...

못 견디게 그리워 도저히 안 되겠어
목매게 부탁해 한 번만 내게 저주면 돼
아 - 에 - 아 -
눈물이 자꾸 자꾸나...

이젠 고백해 너 도와줄게
내가 없는데 행복한 너라면...

불러도 대답 없는 아들

산산이 부서진 가슴이
이곳 벽제에 와서
너를 불러 본다
아무리 불러도
허공 멀리 사라지는 메아리뿐
너는 대답이 없다
아들아 어디에서
헤매고 있느냐
돌아와다오 아들아

마음 붙일 곳 없다

용광로 속에 한 줌 재로 화한 너
어디로 다시 보내졌는지
흔적조차 없어
흐르는 눈물 멈추질 않는구나

네가 없는 세상
인생이 뜬구름 같아서
엄마의 마음 붙일 곳 없다

한

이대로 쓰러져
영원히 잠들면
너를 만날 수 있을까

아무리 그리워한들
너는 엄마를 찾아오지 않는구나

좋아
너 어디에 헤매며
이 추위를 견디고 있느냐

한이 되어 심장이 뚝 떨어지는 것 같구나

민통선의 봄

찻집에 꽂혀 있는 진달래꽃
아들 옷과 구두를 태우던
민통선에 봄을 벌써 피웠더군요
저는 아직도 겨울입니다
제 가슴에 흐르는 빙하는
언제나 녹으려나
아마도 평생을 녹지는 않겠지요

잃어버린 프리지아

노랑나비 같은 꽃
울 아들 얼굴이 스며 있는 꽃
희망의 열쇠인 널
올해는 사지 않으련다
잃어버린 봄이기에

내 아들 김종

아들아
너 어디 갔느냐
그렇게 허망하게
엄마 혼자 두고
어디를 갔느냐
아무리 기다려도
아무리 보고 싶어도
돌아오지 않는
내 사랑하는 아들
김종!

하늘로 보내는 편지 · 2

아들아
오늘이 네가 하늘로 간 2주년이구나
네 친구 경근이가
매형 차를 가지고 와
세준이, 진이,
지연이. 수진이
여섯이 다녀왔다

아들아
이름 한 자 새기지 못하고
네가 좋아하는 해운대에도 못 가고
이렇게 잔디 아래 천사가 되어 있구나

착하게만 살다간 너
이렇게 보고 싶어
네 친구들 앞이라
소리도 내지 못하고 울고 말았다

아들아
넌 좋은 친구들을 참 많이 두었구나

승이는 엄마를 볼 수가 없어 못 왔지만
승이네 식구들이 너를 아들로 생각하고
다녀왔다는구나
너는 다 알고 있지?

착한 내 아들
사랑한다

* 2009년 12월 4일.
엄마가

상 장
위의 어린이는 타자 경시 대회 에서
우수한 성적을 거두었으므로 이 상장을
주어 칭찬함
서울신계초등학교장 최 종 규
상 장
2003년 11월 3일
상 장
2000년 5월 8일
상 장
동상
그 성적이 우수하였기 이를 칭찬하여 상장을 줌
서울신계초등학교장 박 성 호

제3부.

영혼의 무게

종 꽃

"종" 아들 이름
천상으로 피어 간 꽃

천지에 꽃이 만발하여도
내게 피던 귀하고 착했던
아름다운 생명의 꽃이 사라진 지금
천지에 피는
예전에 아름답게 보였던 꽃이
아름다운 줄을 모르겠네

아들아, 너만 생각하면 가슴이 미어진다
칼로 도려내는 이 아픔을 어이하랴
시도때도없이 나오는 눈물을 삼킨다
너는 저세상으로 가
푸르게 피어난 종꽃

어쩌면 좋으냐

아들아 어쩌면 좋으냐
피어나는 꽃잎을 봐도
네 생각이 나 눈물이 난다
보고 싶어 눈물이 난다
가슴에 뭉클뭉클 솟구치는 울음
아들아 어쩌면 좋으냐
어쩌면 좋으냐

여태껏 오지 못하고

엄마 없으면
한시도 못사는 녀석이
어디서 뭐 하기에
지금껏 오지 못하는 거냐
네 생각만 하면
가슴이 찢어진다

서울 광장에 내리는 비

서울 광장에 봄비가 내린다
서러운 가슴에서 통한의 비가 내린다
바다로 간 아들들아
바다에 목숨 바친 46명의 용사들아
천안함 772함대 그 속에서 얼마나 아팠느냐
치우지 못한 영정 속 아들을 그리며
하염없는 눈물비 내린다
아들 잃은 어미의 가슴이
서울광장 봄비 속에 무너져 내린다
88년생 내 아들아
네 친구도 네 후배도 천안함에서 갔구나
너 있는 하늘나라로 갔구나
어미 곁을 떠나간 바다를 좋아한 너
내 서러운 봄날에도
서울광장에 바다가 되도록 눈물 함께 봄비가
서러운 통한의 봄비가 주룩주룩 내린다

울고 싶다

이렇게 비가 쏟아지는
아들이 미치도록 보고 싶은 날은
다정한 사람에게 등 기대어
울고 싶다

내 마음의 간이역

가버린 날을 회상한다

한순간 왔다간 삶의 간이역
네가 머물다간 그리움 그 자리
음악 같은
명화 같은
삶을 살게 하고 간
네가 떠난 빈자리
인생의 간이역

이승과 저승의 사이역

우리 만나면 헤어지지 말자

아들아
잘 있느냐
우연히 네가 졸업한
학교 앞을 지났다
철쭉꽃이 만발하였구나
저런 좋은 학교에서
무슨 마음을 키웠기에
그 녀석(종훈)은 마음속에 무엇을 키웠기에
억울하게 죄 없는 너를
엄마와 갈라놓는 만행을 저질렀느냐
갈가리 찢긴 어미 마음
네가 너무도 보고 싶구나
아들아
다음 세상에 만나면
우리 헤어지지 말자
네가 먼저 가지는 말거라

종이학을 잘 접던 아들

상자 안에 곱게 들어 있는 접다만 종이학
가고 없는 아들 생각에
한없는 눈물이 흐른다

꿈을 이루라 학을 접어
행복을 날랐을 아들
보고 싶다고 간절히 소망하며
마음으로 마음으로 종이학을 접어본다
돌아오라고

가슴속 영혼의 무게로 간 아들

24g의 영혼의 무게로 하늘로 가서는 오지 않는 아들아

서른 아홉나이에 너를 처음 앉았을 때 천하를 안은 듯 많은 기쁨을 주었던 그리운 아들아 너는 3,8kg이었다

3,8kg의 무게보다 더 가벼운 새털 같은 24g의 영혼의 무게로 훨훨 날아 가고 다시 오지 않는구나

의정부 성모병원 응급실에 있었다는 의사

이승의 1년은 저승의 1달이라고 어미의 타는 가슴에 위로의 말한다

21g 24g 50g 의견도 분분하지만

프랑스 의학박사가 사람이 죽어 시신을 달아 본 무게와 살았을 때 달아본 무게의 차이를 영혼의 무게라 했단다

네 영혼의 무게는 모든 희망을 한꺼번에 잃어버린 어둠이었기에

너를 잃은 이 엄마는 네 무게가 너무나 커서 잴 수도 없는 가슴속 영혼의 무게로 구나

울지마, 건강해야 해

나쁜 소식 듣고도 전화도 못 했어
울지 말고 건강해야 해
사람이나 짐승이나 인연은 언젠가는 모두가 헤어져
회자정리라고
만나고 헤어지는 것이 세상 이치이니
너무 서러워하지 말고 건강해야 해
이별은 누구에게나 와
먼저고 늦을 뿐이야
살아 있을 때 아들 모습이 선하네
다음에 볼 땐 건강하고 밝은 모습이었으면 해
울지마, 꼭 건강해야 해

동양화가이자 시인이신 스님
위로의 말 남기시고 미국으로 들어가셨다

태권도 4단 우리 아들

태권도를 잘하던 아들
타다 놓은 메달과 상장이 너를 기다리고 있다
잘 입고 다니던 도복도
네 이름이 새겨진 검정 띠도 그대로다
네가 돌아와 입을 것 같아 옷걸이에 걸어 두었다
민통선에서 태워버린 도복한 벌
잘 입고 다니던 양복한 벌 구두 한 켈레 속옷도 한 벌
그러나 마음까지는 못 태웠구나
이 세상 미련 다 버리고 간 것인지
외할머니 외할아버지 손을 잡고 걸어가던 꿈속의 너
그곳에서도 태권도 잘하고
외할아버지께 한자공부도 배우고 있느냐
외할머니 외할아버지 잘 모시고 있거라
언젠가는 이 어미도 너와 같이 손잡고 다닐 날 있겠지...
사랑한다 아들아

바람 부는 여름 밤

바람 부는 날 밤 뜰에 서니
손톱에 꽃물들이던 봉숭화꽃 반긴다

새끼손가락 내밀던 어린 아들 모습
꽃 속에 어린다

소쩍새 울음소리
그리움의 목소리인가
선잠 깬 가슴에 아프게 울린다

먼 길 가더니 환청 아닐는지
발자욱 소리 들리는 듯도하여
별빛 흐르면 소원 빌어본다
돌아오라고

민통선 그 겨울에

시인선생 잘 계시느냐고 안부를 물었다던
한결이가 제대를 했군요
결이가 아들 동갑(88년생)이라서 애착이 가요
민통선에 친구가 있다고 보러 간다고
따라나서던 아들 생각만 하면
늘 가슴이 아파 자꾸자꾸 눈물이 나요
피우지 못하고 하늘로 보낸 아들이
언제나 가슴에 있어요
목사님 말씀대로 하늘나라에 가면
천사가 되어 이름 없이 잔디 아래 잠자고 있는
하나밖에 없는 사랑하는 아들 만날 수 있나요
목사님 그 겨울에 민통선에서 하늘로 보냈던
옷과 구두 체육복 잘 받았겠지요
갈 수 없는 먼 곳이기에 너무나 보고파
가슴이 저려와요

동백꽃잎보다 더 붉은 울음

동백꽃잎보다 붉은 울음 울던 어머니
이제 내가 동백꽃잎보다 더 붉은 울음을
가버린 아들 앞에 울고 있다

눈 내리던 날
태종대 해변가에 피어나던 동백꽃
꽃잎에 앉아 울던 작은 동박새야
누구의 화신이 되어 너도 그리 슬피 울었더냐

작은 날개를 파닥이며 차가운 눈 덮인 동백꽃에 잠시
앉았다 울음 울던 꽃잎 어루만지며 가던 어미의 그리운
마음을 알아서 작은 날개 파닥이며 그리도 슬피 울었더냐

아들과 같이 와 봤던 태종대 바닷물은 예나 다름 없건만
한번 가버린 아들은 아무리 울어 본들
돌아오지 않는구나

*태종대: 아들이 좋아하던 부산에 있는 바닷가

종이학

네가 접어 두고 간 종이학
밤마다 꿈속에서
어미의 가슴속에서
너는 학이 되어 훨훨 날아다니다
높푸른 나무가지에 앉았다 눈물짓고 가는구나

날개가 있어도 못 온다는 걸 알지만
어미는 아들을 기다린다
아가야 염려 마라
언젠가는 널 찾아 어미도 갈 거다

끝나지 않는 아픈 시간

밤 깊어 선잠 깨어 우두커니 앉아
아들 사진을 멀거히 바라본다
푸른 눈물이 아픈 오열의 분노가
가슴 깊은 곳에서부터 줄줄이 흘러내린다
내 아들은 귀여운 내 아들은
구름 위에 꿈 하나 걸어 놓고 어디로 간 것일까
끝나지 않은 아픈 시간 위에
가슴 도려내는 저민 가슴만 어미 가슴에 남겨 놓고
어디로 간 것일까
아들아
너는 누굴 위해 하늘에 꿈 하나를 걸어 놓고
20년 짧은 삶을 살다 갔니
친구 대신 간 너
어미 가슴은 아파서 지금껏 흘린 피눈물이
한강 줄기만 하구나

꽃, 엔젤트롬펫

엔젤트롬펫 꽃 속에서
너의 향기가 난다
엔젤트롬펫 꽃 속에서
천상에서 부는 너의 나팔소리가 들린다
"엄마 울지 마세요
뚜우-뚜우- 뚜--"

빈터에서

난 지금 등 기대어 울고 싶은 사람이 필요하다

아들이 떠나간 빈터에서
분홍빛 희열의 꽃 비를 맞아도
왜 자꾸 눈물이 날까
가슴에서부터 오열이 터질까
금방이라도 들어 설 것 같은
내 사랑하는 아들아
아무리 돌아오라고 외쳐도 오지 않는 네게
심장이 뚝 떨어지는 아픔만 느낄 뿐
말문이 막혀 아무런 말도 못하겠다

비 오는 날 석관동에서

다섯 살 어린 종이가 다니던 반디 유치원을 지났다
종이가 잘 놀러 가던 지훈이가 살던 집을 지났다
아빠가 경찰관이던 미진이네 집도 지났다
강남으로 이사 간 오동통한 희진이네도 지났다
엄마 아빠가 맞벌이로 바빠
종이가 유일한 친구였던 상희네도 지났다
친구들과 모여 앉아 흙장난하던 놀이터도 지났다
우리 아이의 꿈이 서린 곳 석관동
어린 종이 얼굴이 눈부시게 스크린처럼
가슴에서 그리움으로 솟는다
분노가 솟구친다
보고픔이 가슴을 저민다
종이가 누나라 부르던 윤희 미용실아가씨는
중학생 학부모가 됐다
여전히 미용실은 그 자리에 있었다
어린 종이가 연탄불(집) 할머니라 부르던 집도 그대로다
다닥다닥 붙어 있던 집들을 헐어
5층짜리 집들이 들어섰다
대부분 이사를 갔지만 눈 익은 집도 있었다

과일 집 쌀 집 연탄 집 미용실 슈퍼...등등
비가 얼굴을 때린다
그리움이 내린다
보고픔이 가슴을 친다
눈물비가 주룩주룩 내린다
어딜가야 우리 종이를 볼 수 있을까
하늘을 봐도
땅을 봐도
놀이터를 봐도
아무리 둘러봐도
어디에도 없다
다 그대로인데
이 세상 어디에도 없다

보고 싶다 · 2

눈 내리는 긴 겨울밤
아무리 기다려도 넌 못 오는데
죽음보다도 더 깊은 그리움이 가슴을 친다
천국이 얼마나 멀고 먼지는 몰라도
네가 간 게 꿈인 거야
이건 정말 꿈인 거야
코끝이 시큰해지는
어느새 눈가에 맺힌 이슬에
잠 못 드는 밤
네가 간 날처럼 을씨년스럽게 눈은 내리고
싸락눈만 내리고…

이별

너와 나
해맑은 구월의 깊은 가을 하늘만큼이나
너무 먼 이별이었구나

가버린 눈물의 사랑 꽃

가버렸네
가버렸네
꿈처럼 왔다가
바람처럼 가버렸네

수정같이 너의 맑은 영혼
네 청순한 눈망울이 가슴에 남아
피어난 그리움의 꽃

눈에서 가슴에서
흐르는 눈물이여
막을 길 없네

한마디 말도 없이 가버린
내 사랑이여
무엇보다도 순결한
내 사랑의 너무나 보고픈 꽃이여

그리움 삭이기도 전에
녹아버린 하염없이 흐르는
가버린 눈물의 사랑 꽃

하늘로 보내는 편지 · 3

울어봐도 소용없고
소리쳐 불러봐도 대답없는
너를 찾아 용미리에 또 왔다
심장이 찢어지는 아픔
뼛속까지 전율을 느끼는 보고품,
새록새록 보고파 가슴찢기는 그리움
말로는 다 못할 이 아픔을
어미는 어찌하면 좋을까

어제는 제대한 네 친구들
세준이, 기훈이, 용희, 응섭이
효재, 상록이, 정동이,박사무엘
태호,수영이가 갔다 왔다고 전화가 왔더라

오늘 와보니 잔디 위에
꽃다발과 담배 한 갑과 라이터가 놓여져 있구나

오후엔 최현구 사범이
동훈이랑 수진이, 지연이. 근주 누나랑
왔다 갔다고 전화 왔더라

아들아
제천부대에 있는 주환이 한 테 전화가 왔구나
진이와 하니 태상이는 바빠서 나중에 간다고 하더라
이미지 누나는 기자가 되었단다
네가 좋은 기사 써달라고 부탁했다고 했다며 울먹이더라

아들아 잘 있지?
사랑한다
착한 내 아들...

* 2010년 12월 4일
엄마가

임명장
상 장
표 창 장
표 창 장

제4부.

자서전

자서전 (김종)

내 기억은 석계역 굴다리 밑에 엄마에게 안겨 있는 아기일 때가 잠깐 기억난다. 그 옆에 아빠가 계시고 우리는 도시락을 먹는 것 같았다. 그리고 석계역 유니 미용실 옆 골목에 집에서 살 때 비 오는 날, 나 혼자 무서워하며 잠든 것이 어릴 때 기억의 전부이다. 그 후 5살 늦은 가을 내가 월계동으로 이사를 왔다. 잠깐 나갔다가 102동으로 들어가 집을 잘못 들어갔다. 울고 있을 때 고등학교 형이 데려다 줘 다시 101동으로 와 다행히 집에 온다. 이사를 마친 후 놀이터를 놀러 간다. 거기서 동빈이를 만나게 된다. 동빈이네 누나와 동빈이를 만나 놀던 중 내가 아이스크림을 가져다준다며 동빈이에게 잠깐 기다리라 그러고 얼른 뛰어 올라가 아이스크림 3개를 가져왔는데 동빈이는 이미 집에 간 후였던 거 같다. 몇 번 나가서 놀다가 만수 새끼한테 처맞고 울었다. 그날 아마 토할 정도로 처맞은 거 같다.

그리고 유치원 때 우성 유치원으로 바뀐다. 처음 유치원

이름은 생각이 안 난다. 원장 선생님 성함은 기억이 난다. 한상금 선생님 피아노도 배웠었다. 한상금 원장선생님을 엄마라 불렀다 날 많이 예뻐하셨다. 바뀐 유치원은 나중에 알게 된 것이지만 원자력 병원을 지나 태릉 입구 쪽에 있었다. 요샌 아마 그곳은 태권도장이 들어선 것 같다. 그림도 배우고 도시락도 먹고, 어릴 땐 밥을 잘 안 먹었었다. 그래서 몸무게가 낮았던 걸로 기억한다. 편식이 심했다. 유치원 발표회 때 사회를 보았다 무척 잘 보았다고 한다 유치원 발표회가 끝나고 친척 고모 할머니 칠순잔치 집에 가서 춤을 추다가 다리가 부러졌다. 그래서 정형외과를 다녔었다. 기브수를 푸는데 내 복숭아뼈를 갈 것 같다... 一一 조낸 아팠다.. 그 후 집에 와서 그날 바로 종이접기를 하려고 색종이를 가지러 가다가 다리에 쥐가 났다 항상 피고 있어서 그런지 쥐가 심각하게 났다. 종이접기 눈높이 수학을 많이 했다.

초등학교 입학이 기억난다. 신계초등학교……. 계단이 50개였다. 엄마 손잡고 한번 올라갔다가 내려오면서 세봤다. 집에서 눈높이를 배웠다. 그리고 학교에서 받은 책도 있다. 난 어릴 때 눈높이 수학을 배워서 수학책은 쉬웠다. 학교 교과서를 반쯤 풀었다. 집에서 할 게 없었기 때문인 거 같다. 고작 집에서 하는 것이라곤 그땐 이런 컴퓨터도 안 나왔었기 때문에 티브이에서 나오는 만화영화를 기다리는 것, 또는 종이접기를 하는 것 그 이외에는 할 게 없었다. 그래서 교과서를 풀어 버린 거 같다. 그 후 입학 1학년 동빈이랑 같은 반이 되었다. 그땐 동빈이가 놀이터에서 만났었는지 몰랐다. 그것도 역시 나중에 알게 된 일이었다. 난 1학년 때 하루도 빠짐없이 운거 같았다. 그때마다 동빈이가 도와줬었다. 그리고 1학년 땐 세준이도 같은 반이었다. 최희선이라는 여자애도 있었다. 1학년 때 기억은 그 세 친구랑 운 기억뿐이 없는 거 같다.

2학년 때 악덕 선생님을 만났다. 숙제가 매번 우리가 할 수 없는 것만 내주어 부모님들을 힘들게 했다. 그때 엄마가 하는 말이 그랬다. 어린 나이라 난 그 숙제를 못 이해하고 받아 써오기만 했다. 역시나 2학년 때도 항상 울고 그랬다. 2학년 때도 동빈이와 같이 지냈다. 같은 반이었기 때문에 그래서 내 1순위 친구는 동빈이었다.

3학년 기억, 되게 많이 좋아했던 거 같다 담임 선생님을. 잘 따르고 아이들을 좋아 하시는 거 같았다 내 기억으론.. 역시나 동빈이와 3학년 때도 같은반이었다. 그후 세준이와도 같이 놀다가 세준이가 해성체육관을 데려갔다. 아버지도 다니라고 하셨다 남자가 맨날 울고 들어온다고 처음엔 그렇게 태권도와 인연을 맺었다. 어린 맘이었는지 모르겠지만 지금도 그렇지만 태권도를 의무처럼 다녔다. 어릴적 아버지는 되게 무서운 존재였다. 그래서 안가면 많이 혼날까봐 항상 빠지지 않고 갔다. 아버지는 가끔 나의 가방을 뒤지곤 했다. 그러고선 가정통신문 안 꺼낸 거나 알림장에 쓴 글을 보시면 항상 혼냈다. 난 그때마다 울었다. 가끔 어린 마음에 아버지가 교통사고 나서 다리만 다쳐라 하는 생각도 했다. 하지만 지금 생각하면 어렸을 때 바보 같은 생각이었다. 그

리고 4학년 난 태권도를 계속 다니게 되고 재미도 있었다. 국기원을 처음 갔다. 그땐 강남으로 가서 심사를 봐야 했다. 그리 멀지 않은 거리인데도 그때는 되게 멀게 느껴졌던 거 같다. 4학년 나와 같은 체육관 키도 비슷한 한 살 어린 동생이었을 것이다. 그 동생과 했다. 겨루기를 하지만 역시 개발이었다. 난 어릴 때부터 천성이 타고나서 그런지 아직까지 겨루기를 잘 못한다. 난 누구와 겨루는 것이 두려웠다. 그리고 맞는 것도 두려웠다. 어릴 때라 그런지 1품은 한 번에 붙었다.

5학년. 연지초등학교가 생겨서 동빈이와 세준이가 연지초등학교로 갔다 나는 여전히 신계초등학교였다. 그래도 세준이와 동빈이는 자주 만났던 거 같다. 세준이는 그때 아마 이사를 여러 번 했을 것이다. 장위동, 돌곶이 이런 식으로 하다가 다시 월계동으로 온다. 하지만 장위동을 가든 돌곶이를 가든 나는 세준이를 자주 만났다. 어릴 때 축구를 자주 했지만 역시 운동신경이 안 좋아서 그런지 잘은 하지 못했다. 돈이 없었기에 축구화가 되게 귀했었다. 세준이가 예전에 살던 집은 승무, 성원이, 우성이, 세준이 집이 다 가까웠다. 그래서 자주 만나서 놀았다. 언제였는지는 잘

기억나진 않지만 승무가 우리 집을 와서 지갑에서 돈을 빼갔었다. 3천 원 정도였을 것이다. 하지만 그땐 큰돈이었다. 어쩐지 그날 뭘 사주려고 하니까 승무가 아니라고 그랬었다. 그걸 알고 난 뒤 아버지께 말씀드리자 아버지는 지갑을 아무 데나 둔 내 잘못도 있다고 하셨다. 하지만 그 지갑은 내가 잘 안 보이는 곳에 뒀었다. 난 억울했지만 참았다. 세준이와 몸이 멀어지자 박수형이란 친구와 이현영이란 친구와도 친해져서 자주 우리 집 와서 컴퓨터를 하고 놀았다. 그리고 도스 시절이었을 것이다. 언젠지는 정확히 기억이 안 나지만 아버지가 게임을 알려 달라고 하셔서 알려 드렸다가 컴퓨터가 고장 난 적이 있었다. 그때 이후로 아버지는 컴퓨터를 안 만지셨다. 어렸을 때 우이동 그린파크 수영장 가서 아버지를 잃어버려서 울고불고 해서 집에 둘 다 입이 쭉 튀어나와서 집에 온 기억도 난다. 엄마 말이 4살 때 미아보호소에서 내가 아버지 이름을 기억하여 방송을 해서 아버지가 미아보호소로 와서 찾았다고 한다. 초등학교 땐 아버지와 엄마와 나는 자주 낚시를 갔다. 그땐 승용차 베르나도 있었고, 꽤 괜찮게 살았던 거 같다. 놀이공원도 가끔 가고, 하지만 난 무서운 건 잘못 탔었다.

그렇게 6학년이 되었다. 여전히 태권도를 다녔지만 1주일에 한 번은 울었었던 거 같다. 6학년 세준이랑 엄마랑 아빠랑 백령도를 놀러 갔다. 거기서 하수현을 만난다. 그래서 그때 급 친해져서 많이 놀고 재밌게 보내고 왔다. 그녀는 터프했다. 그래서 조낸 맞았다. 나나 세준이나 할 거 없이……. 거기서 비개싸움하고 게 잡고 물놀이하고 그런 건 기억난다. 오락실.. 완(큰외삼촌아들)이랑 가다가 돈 뜯겼다. 개자식.. 어린애들이 무슨 돈이 있다고. 그 후 전주도 자주 갔었다. 연상(막내이모아들)이 형하고 놀기도 하고 싸우기도 하고, 재밌게 논 기억들이 많다 동금(큰이모네 큰아들 종원이형 큰아들 촌수로 내가 삼촌이다)이네를 눈오는 날 걸어서 찾아간 것도 기억난다. 어떻게 찾아갔는지 나는 지금도 신기하다. 분명 처음 갔던 곳인데……. 그 후 6학년 졸업식 눈이 되게 많이 왔다. 기분이 좋았다 눈 오면 눈싸움도 하고 재밌게 보냈었다.

중학교 월계중학교 입학, 처음엔 학교 가는 게 두려웠다. 뉴스에서 막 학교폭력 그런 게 나오기 때문이었다. 중학교가 그런 나이이기는 한다. 중1 여전히 울음이 많았다. 잘 기억이 안 난다.

중2 김희원을 만난다. 어릴 땐 얼굴과 이름만 조금 알았지 그땐 많이 친해졌었다. 그 후 엄마와 아빠가 이혼하셨다. 그때부터 방황을 한 거 같다 중3 한창 태호 동생 완호와 같이 놀면서 축구도 하고 잘 지내다가 여름방학 전이었을 것이다 중3 올라가서 슬슬 당했던 걸 분풀이하기 시작했다. 그때 아마 세준이와 승이가 말리려고 했을 것이다. 하지만 걷잡을 수 없었다. 내가 너무 미쳐버린 상태여서 하루에 한 명씩 잡아서 조졌다. 탈의실 최지혁 제일 많이 맞았을 것이다. 이유는 별거 없었다. 중1 때 잠깐 사이가 안 좋았던 것? 그것뿐이었을 것이다. 최지혁 김태형 김용민 이용호 신승아 김경룡 이대근 완호도 한번 맞았었을 것이다. 대걸레 빠는데 내 뒤통수를 치고 모른 척을 한 것이다. 그래서 그날 완호 때리고 1학년 화장실에서 코 푸는데 언넘이 누가 코딱지 파냐 그래서 그놈을 잡아서 조졌다. 그 후 여름방학 완이네를 놀러 갔다. 과천 삼촌네 학원 완전 좋았다. 에어컨 맘대로 컴라면 무제한 컴 터 무제한 거기서 공부도 좀 했던 거 같다 2주정도, 그때 거상을 한창 할 때여서 거기서 15만원어치를 캐쉬를 했다. 그리고 완이가 축구하다가 싸우는 걸 보고 싶다고 해서 그쪽으로 일부러 공을 보내서 끌고 가서 아파트 뒤에서 팼었다. 그후 학원으로 튀었지만 학원문이 잠겨서 완이네 집으로 돌아가고 있었다. 그런데 완이 이놈이 장난을 쳐서 뒤에서 아저씨에게 잡혔다. 그놈 아버지였다. 그래서 경찰서로 끌려가서 학교랑 이름 대고 삼촌이 20만원 물어 줬다. 그 후 집에 왔는데 아버지가 괜찮다고 그럴 수도 있다고 하시며 별말씀 안 하셨다. 그후 어머니께 캐쉬한 걸 걸려서 삼촌 댁에 가서 빌고 온 적이 있었다. 하지만 삼촌은 날 뭐라 혼내시지도 않고 그저 내가 쓴 돈만 받으시고 말으셨다.

그러고 나서 아버지가 조울증이 있으셔서 돈을 다 까먹고 칼을 들고 엄마를 죽인다고 하셨던 걸 내가 말린 걸 기억한다. 정말 무서웠다. 그때 아버지가 떡볶이를 3천원어치를 사오셨던 거 같다. 아버지는 그날 술을 무척 많이 드셨다. 아마 그 조합장 자리를 동기한태 뺏기셨을 때부터 그러셨을 것이다. 떡볶이를 얼마 안 드시고 주무시러 가셨다. 그때는 이미 엄마는 작은방 나는 큰방 아버지와 같이 자는 시절이었다. 어릴 땐 셋이서 다 큰방에서 잤었는데……. 그립다. 떡볶이를 내가 다 혼자 꾸역꾸역 먹고 입에 넣은 채 삼키지도 못하고 있을 때 내가 설거지를 시작했다 그런데 그 소리가 자극적이셨는지 아버지가 소리를 지르시더니 전화기 티브이 막 던지셨다. 한 두 번이 아니셨기 때문에 자주봐 왔다. 하지만 그날은 유독 무서웠다. 그래서 울면서 아버지를 계속 말리고 난 도망가서 세준이네서 잔거 같았다. 그 다음 날 아버지는 엄마한테 돈을 달래서 나가셨다. 그것도 나중에 알았다. 어떻게 사랑하는 사이여서 결혼도 하고 나까지 낳으셨는데 그렇게 냉정해지실까……. 엄마가 그땐 되게 야속했다. 돈을 주고 보냈다는 걸 알았을 땐.. 하지만 엄마도 엄마 나름대로 힘든 게 있고 아버지는 아버지 나름대로 힘든 게 있었을 것이다.

경기공고 입학 후론 이제 잘 울지 않았다. 고딩 들어와선 안 울었다. 많이 큰 건가 보다. 가서 만세 새끼 만나고 종중이 효선이 성필이 민주 등등 여럿을 만났다. 그럭저럭 잘 지냈다. 그리고 1학년 때 종훈이랑 싸웠다. 난 자존심이 쌔서 위에서 지시받는 걸 싫어한다. 그런데 종훈이가 위에서 자꾸 지시하는 말투로 얘기했다 그래서 싸우고 내가 조낸 때렸다. 그런데 그 다음날 지가 와서 괜찮냐고 먼저 사과를 했다. 나도 흔쾌히 받아들였다. 먼저 사과는 못해도 하는 사과는 잘 받아 줬다. 그땐 수업시간에 잘 졸지도 않고 공부도 나름 열심히 해서 수학 100점도 받았었다. 평균 86. 85 82 79 이렇게 받았다. 그렇게 만세와 점점 친해지다 보니 2학년 땐 단짝이 되었다.

해성체육관 관장님이 바뀌어서 1년간 바뀐 관장 밑에서 운동을 했다. 고1~고2되는 겨울방학 체육관을 바꿀 생각을 했다. 사부님이 나가시기 때문이다. 나가시고 이틀 정도 나가고 애들을 모아서 끊자고 맘먹었다. 그래서 노원 체육관으로 옮겼다. 오수영을 통해서 김경률을 통해 알게 된 것이었다. 거기 갈 땐 처음으로 반삭을 했다. 왜 했지.. 미쳤나 보다……. 거기서 처음 최 사부님을 뵀다 임사부님과 역시 처음 낯선 곳을 가는 것은 두려웠다. 임사부님 되게 무서우신 분 같았다. 엄청 무뚝뚝하셨다. 그때 태상이 나 만세 셋이서 들어가서 3달 치 회비를 오수영 운동 비용으로 줬다. 그래서 우리 넷이서 운동을 했다 난 중2부터 사범을 하고 싶단 생각을 가지고 있었다. 그래서 그때 불이 붙어서 열심히 운동을 했다. 시합을 나가게 돼서 65~53까지 감량 한적도 있었다. 4주 만이었을 것이다. 이때부턴 학교 기억은 거의 없다.

자고 밥 먹고 집 오고, 그러다가 학교를 무단이탈을 한 번 하자 너무 하고 싶었다. 그래서 자주 나갔다. 놀고 할

거 없어서 버스 여행도 하고 그러다가 최 사부님께 걸려서 10대 맞았다. 정말 아팠다. 하지만 정신이 맑아지는 것 같았다. 그 후로 열심히 노력해서 최 사부님 눈에 들었다. 그래서 정말 재밌게 운동을 했다. 정말 노력도 많이 하고 4품 따러 갈 때도 겨루기 연습도 무진장 많이 했다. 재밌었다 옮기고부터 그 분위기 운동 분위기 운동이, 좋아졌다 태권도란 운동이, 체육관서 합숙도 빠지지 않고 잘 참석하고 무슨 일 있으면 사부님을 많이 도와 드리려고 했다. 조금이라도 도움이 됐는지는 모르겠다. 그 후 시범도 했다 체육관 시범이었지만 재밌었다. 경험이 많이 되었다. 그리고 3관에 원정도 나가서 시범도 했었다.

대학 입학. 고1 때 성적으로 1차 수시 때 붙었다. 그래서 장안대를 갔다. 장안대는 언제 한번 고재혁 선배님 등짝에 장안대학을 본 거 같다. 그래서 인터넷에 쳐봤는데 써봤는데 붙었다. 그래서 알바도 하고 학교 안 나가고 졸업식 재밌게 놀았다 하지만 난 체육관 애들의 비중이 더 컸다 친구들보다도 친구들 몇 명과 체육관 애들과 같이 놀고 재밌는 하루를 보냈다. 장안대……. 처음 갔을 땐 갑자기 무서웠다 분위기가 내가 생각한 대학은 이런 게 아닌데 체대가 이렇군.. 그래서 역시 계획대로 시범단에 들어갔다. 그때까진 열심히하자 생각이 앞섰다. 하지만 난 처음으로 그때 흔들렸다. 상상을 초월하는 기합과 무시하는 행동들……. 완전 개 취급한다. 이건 아니다 싶었다. 학교를 빠졌다. 그 후도 몇 번 그랬다. 그땐 체육관을 자주 못 갔다. 그래서 최 사부님께 전화를 드리자 사부님께서 알고 계셨다. 학교 빠지지 말라고……. 그 후 열심히 다녀서 방학을 했다. 1학기 어떻게 버텼을까……. 아직도 실감이 안 난다.

제5부.

방명록

와우 ~ ㅋㅋㅋ 월급타면 ㄱㄱㄱㅋ
형 기대해두 되는거죠 ?ㅋ
-김진

우리 왜 이사진 밖에 같이 찍은게 없냐..
난 ㅡㅡ 왜 모자이크야ㅋㅋㅋㅋㅋㅋㅋㅋㅋㅋㅋㅋㅋㅋㅋㅋㅋㅋㅋㅋㅋㅋㅋㅋ
이게 아마 1년전 일꺼다ㅋㅋ너희동네 술집에서..
좋아
나 바보같다 나 왜이러냐 진짜 힘들다
너 나한테 단 한번도 힘들게 한 적 없었잖아.......
나 진짜 미치겠다 너가 너무 보고싶어서
친구야 ....
너를 엊그제 본게 선명하게 기억 나는데,,, 나 왜이러냐
좋아 좋아 보고싶다
너를 단 한번이라도,, 불러보고싶다...
사랑한다
캐릭이 왜,, 이상한거야 ㅡㅡ
니원래 캐릭 어디갔냐
휴,,,왜이러냐 오늘도 집오면서 개천걸어왔는데
온통 니생각밖에 안나
여름방학때 너 우리집에서 자고 저녁,,,, 6,7시쯤인가

개천 성북끝까지 걸어서 노래방갔었짢아
아 조그만 일에도 너가 너무 생각난다
우리가 고딩때 좀많이떨어져서
그런가 지금 잠시 좀 오랬동안 연락끊을것만같다
종아 ,,,정말 이게 현실일까
너가 하늘나라로 간지도 벌써 2주가 지났고
시간은 흐르는데 난왜 아무것도 모르겠지 정말 모르겠다
모르겠다 모르겠다
마음이 너무 허전해서 미칠것같애
그누구도 이제 더이상 너의 자리를
채울수가 없기때문에 더 ,,,그렇다
종아 종아
제발 한번만이라도 너를 보고싶은
미련은 내가 버릴수가 없구나
노래들이 왜씨발 다 암울해 슬퍼진다
휴 저사진대로 너가 살아가야되잖아 ...
빨리 돌아오길바란다 ^^
잠깐 보낸거야 너를 아주잠시다
- 정승

나 지금 부산이다
니 녀석 나중에 돈벌면 여기서 살고 싶다구 입버릇처럼 말하던게 생각나내..

어제 저녁에 해운대 모래바닥에
담배하나 꽂아두고 술한병 세워두고
참.. 내가 생각해도 너무 조촐했지 - -ㅋㅋ
나중에 돈 많이벌면 한상그득 차려주마!
나는 잘 지낸다......
너도 어디에있건 무엇을 하건 잘 지내라
- 김세준

종아 어제 참 좋았겠네?
그토록 보고싶은 사람들도 많이 갔구..
누나는 오늘 너한테 갔다가 오려구.. 어제 연차를 내려고 했는데, 연말이라 쉽지가 않아서 사람들과 함께하지 못했어ㅠㅠ 누나 오늘 땡땡이 치고 너한테 가는거야ㅋㅋ 출장 간다고 회사 차까지 딱 대기 시켜놨지!! 호호
종아 조금만 기달려~~ 이따 보자

종아 누나다~
얼마전 니 생일에 어머니가 도장에 오셔서 니가 좋아하던 피자랑 치킨이랑 이것저것 많이 사오셨었어.. 알고있어? 더 밝게 더 씩씩하게 너의 21번째 생일노래를 불렀다.. 비록 어머니께서 우셨지만 넌 한없이 즐거워했으리라 생각해...
엄마가 살이 많이 빠지셨더라... 건강에 이상없도록 니가 옆에서 많이 좀 챙겨드려... 많이 힘드실 테니까.. 아직도

이 사실을 받아들이기가 매우 힘드실테니까.. 그러니까 니가 더 많이 옆에 있어야해... 잘할꺼야 우리 종이.
누나 또 올께 쉬고있어~

종아 누나왔다~
아... 벌써 2007년이 가네..... 같이 함께 한해 마무리를 했으면 좋으련만.....
오늘은 태상이한테 전화왔었다... 도장사람들끼리 망년회하자고... 근데... 그 많은 도장사람들 중에서... 니가 제일 먼저 생각나더라...
저번에 도장에 함 가려고 했는데... 니 생각날까봐.. 선뜻 못가겠더라...미안해서.. 니가 한말이 자꾸 맴돌아서.. 그래서 더 힘들더라...... 나쁜자식.............
차라리 모질구 나빠서 기억이라도 안나게 하고 가지... 넌 너무 많은 추억을 남기고 갔어.... 그래도 고맙다.
뭘 하든 기억하게 해줘서...........
사람들이 점점 널 잊어간다고 서운하게 생각하지마라... 넌 잊고 싶어도 잊지 못하는 사람이니깐... 분명 어디서든 씩씩하게 생활할 놈이니깐... 누나 무슨말 하는지 알겠지?
어디에 있던 너희 부모님 항상 챙겨드리고, 자주 못들린다고 서운해하지말고...
조심히 잘지내고 있어 또올게..
-김영숙 태권도 누나

...내일 이면 1년이다. 요즘 들어서 자꾸 생각이 난다
그때는 정말...모가몬지....... 그저 장난인줄만 알앗는데
요즘들어서야 자꾸 내가 그때 왜그랬을까?? 하는 생각이 자주든다.
종아 미안해....
1년되는 날에는 꼭 어머니를 찾아가서 같이 시간을 보내야 되는데 그러지 못한다....
미안하다 내년에는 꼭 찾아가마..
내년에는 전역하고 남자다운 모습으로 너에 흔적이 남아있는곳으로 갈수 잇었으면 좋겟다.......
미안하다는 말뿐이 할말이없군아
그럼 이만 줄일게...... 휴가나가서 꼭 가보마
-김응섭

나야 뭐, ㅋ 옘병이다 ㅋㅋㅋㅋㅋㅋㅋㅋㅋㅋㅋㅋㅋㅋㅋㅋ,
너가 와가지고 같이 얘기를 했으면 겁나 재밋겟는데 말이지,
애들도 죄다 군대나 가버리고, 썰렁해 썰렁해,
-박민재

오빠 넘오랜만에왔지?!?! 나보구싶었게따 ㅠㅠㅠ
나두오빠마나 보고싶었어!!
맨날 간다간다하구 못가고 .... 추석전에는 정말 한번갈께

사진이란 동영상이랑 다있는데 역시 실제만은 못하구나
잘지내구!!!!!!!!!!나계쏙지켜봐 ㅋㅋㅋㅋㅋ
어머님 전 바쁘지만 잘지냈어요!^_^
-김지은

안녕하세요. 종이 어머님~
건희 셋째 누나예요.
남겨주신 글 감사합니다.
종이라는 친구 알지도 못하고 본적도 없지만..
저도 동생을 보내서 억장이 무너지는데 어머님 마음이야 오죽 하시겠어요?
종이 친구 한테 물어보고 싸이 보고 사고 내용 알게됐어요. 눈물이 앞을 가리네요 ㅠㅠ
그래도 좋은 곳을 갔을거예요.
옆에 친구들도 있으니깐 외롭지 않을꺼예요.
힘내시구요. 기운차리세요.
-김혜미 건희 누나
※(김건희 권기문 김진수)는 2008년 6월 25일 장안대 태권도부 엠티가서 동해 낙산해수욕장에서 해일에 휩쓸려 하늘로 간 친구다

종아 !
사랑한다 사랑한다 사랑한다
3번 부르면 정말 사랑이 이루어진대 ㅋㅋ
하늘나라에서 나 지켜보고 욕해줘-_-ㅋㅋㅋ

나나.. 눈가리고외발 시범에서 찻어 그렇게 하고 싶다고 맨날 했잔아 종아 기억나..
우리집와서 너는 540공 죽어라 한다햇잔아 나는 진짜 꼭 찬다고한거 그렇게 노력하고 연습해서 했어.. 정말 노력한 보람이있엇어ㅠ_ㅠ
위에서 나 지켜봐 임마!! 나 열심히 할게 ㅋ
종아..정말 연락하면 받을거같고..오늘
너 마지막 보내는거 보고..어찌나 눈물나던지..
항아리속에 너가 들어가있다는게 믿겨지지가 않앗다.. 너희 부모님 너무 슬퍼하시더라 .. 외아들이라 너만 보고 사시는거같은데.. 정말.. 너가 시범단만 안나갓어도 우리 계속 만나고잇엇고 이런일도 없엇을텐데.. 그때 내가 널 잡앗어야 하는데 이런일이 일어날줄은 꿈에도 몰랏다..ㅠㅠ
정말 우리집에서 자주 자고 우리 엄마가 너 정말 좋아햇고.. 닭꼬치도 우리 맨날 머것잔아..거기 너가 좋아하는곳.. 정말생각난다 임마 ㅠ_ㅠ..
너 정말 운동 좋아하는애엿잔아 .. 아..같이 운동 하고싶다.. 같이 1학기로 돌아가고싶어 시간을 돌릴수만 잇다면.. 사랑한다 종아.. 부디 좋은곳으로 가.. 삼가 고인의 명복을 빕니다..
너 보내기 시러임마...........................
만나자면서............................
- 김연수

종아 .... 누나야 ...
이렇게 오랜만에 오고 면목이 없다..
우리 착한 쫑쫑이 생일이더구나 ..
누난 처음 알았어
네 생일 들어본적이 없었네 .... 이렇게 알게되는구나 ....
너무 착했던 우리 쫑쫑이 누나가 너무너무 착한 동생이라 꼭 다시 보고싶다고했는데.... 이렇게 사진으로 밖에 못보는 게 너무 가슴아프다 ... 잘 지내지 ^ ^ ?
어머님께도 꿈 속에라도 자주 찾아뵈어야해
생일 축하해
누난 너무 착한 널 만났던게 정말 행복했었어^ ^ 보고싶다 쫑아
-이미지누나
※(기자가 되면 종이가 좋은기사 많이 써달라고 해서 됐단다)

어머님 잘 지내고계세요?
저 그때 옷태울때랑 49제때 두번뵈었던 혜린이에요
오빠 간만에 왔어 왜냐면 오늘 꿈에 오빠 나왔다
오빠랑 술 한잔 하는 꿈꿨다
깔끔하게 차려입고 암말도 안하고 계속 웃으면서 짠짠 거리던거 보니까
거기 있는것도 나쁘진않나보다?
아침에 오빠 꿈 꾸고 깜짝놀래서 딱 깨서 보니까 시계보니

까 11시11분.
아 오늘은 왠지 뻴이 좋겠구나 해서 아침일찍 놀러와서 글 쓰구있어
그냥 오빠가 내 꿈온게 갑자기 놀래서 그냥 말하고싶었어 ㅋㅋ
나중에 또온닷!
-이혜린

종아,
오늘처럼 체육관 모임 있는 날엔 니가 많이 생각 난다.
널 생각하는 사람들이 많으니까, 항상 힘내구.!
종아,
어제 너 가는 길 보고 조금 실감이 났는데.. 자꾸 눈물이 나와서
너 어색하게 웃던 모습이 생각나서 맨날 예 아닙니다라고 말하던 목소리가 들려서 자꾸 기억이 생생해져서 다시 믿기지가 않는다.
누나 마음이 좀 편해지게 좋은 곳에 가서, 행복하게 지내야 되.!
-임근주 누나

형.......
해성 체육관 다닐 때... 심사 볼때 뭐 할때 마다 우리 맨날

만나서 연습하고 뭐도 먹구,, 이제 그 일이.. 일어날수 없는 거야..??
형 은 정말 나에게 웃음과 정말 ..행복.. 그런형이... 아왜 도대체.. 이건 아니자나.. ,,지금 쯤,,, 형은 멋진 형이 되여서 있을텐데..!,,,,
...형 모냥,, 나랑 겨루기 해야지?? 나 태권도 가르쳐줘야지??
..형을 마지막으로 본것이 만세형이랑 둘이 신호등에서 오는거.. 그게 끝인거같아...
모냐.. 참 어이없어. 형이 지금 없는게 ..
지금 쯤 형은 태권도에서 열심히 운동 하고있을텐데... 하늘나라 가서 열심히 하고있겠찌???
형 우리 형친구들과 형후배들이 형 응원할꺼야
하늘나라 가서 정말 웃으면서 행복하게 지내!!ㅎㅎ
형 진짜 보고싶다...ㅋㅋ ^_^ ㅋㅋ
아... 그리고!!ㅋㅋ
형은 정말 남자다. 진짜 멋있어. 태권도 하는 모습 보면서.. ㅋㅋ정말 감동 많이 먹었어!..ㅋ
또 놀러 올게! 그땐 형이 내 방명록에 글써노코 갈꺼지......??
-이태환

우리종이♡누나한테 오는데 그렇게 시간이 오래걸린거야?

이해해,, 천천히 천천히
종아, 누나 오랜만에왔지??
벌써 4월이다,, 너 못본지도 오래된거같은데,, 음
요즘 햇볕도 따듯하고, 벚꽃도 피었고,, 개나리 진달래,,
우리,, 봄소풍가자,, 응?? 오늘 어때???
누나가 맛난 도시락 준비할께 !!
우리종이, 보고싶어서, 누나 또왔다,
^^ 이자식, 매력 덩어리야,, 자꾸 오게 만들어,,
누나 아직 밥 못먹었는데, 언넝와 같이먹자! ^^ ㅋㅋ 대지야 ㅋ
아,,, 우리 종이 보고싶다~~ 우리 그래도 짧은시간에 정 진짜 많이 들었는데
나쁜넘, ㅋㅋ ^-^ 누나 꿈엔 한번도 안나타나더라, 완전 치사하게
^^ 나중에 얼굴 잃어버리기 전에 한번은 꼭 나타나야된다 !!!! ^^
생각나면 또 들려서 주저리 주절리 쓰고갈께^^
-한상은 (병점 한상준 친구)누나

종아 잘지내고 있니? 정말 니가 너무 보고싶군다...
나도 정말 힘든상황에 놓여 있는데 어떻게 해야될질모르겠다....
항상 해맑았던쫑 오늘도 너의 밝은 얼굴이 내머리속에 생

각이 나는군아
쫑아 나왔다^^
항상 너가 생각나서 너 증명사진 내 지갑속에 넣어서 가지고 다니면서 가끔 너가 정말 보고싶을때 니사진 꺼내다 보곤한다 ㅎ
항상 웃는 모습 간직하길 봐래~!
친구야 사랑한다잉 ^-^♡
쫑이 혼자 먼곳으로 여행 가니 좋니?
나 셤끝나면 같이 술먹으로 가기로했으면서..나뻣다 약속도 안지키구...
착하고 잘생기고 쫑~! 어제 마지막으로 널봤는대 자꾸 너의 마지막 으로 본 모습이 자꾸 머리속에 떠오르는더라...
쫑아너가 친구들이나 부모님 잘지켜줘야한다 쫑이는 뭐 착해서 질켜줄거라믿어^-^
그리고 니가 바다를 좋아한대서 나 어제 저녁늦은시간에 바다는아니지만 니가 내려주는 눈맞으면서 한강가서 너와 있었던 추억들 생각하고 왔다^-^
해맑게 웃는 너의 모습이 참좋았는데.
내꿈에 자주 나와서 나와 놀면서 많이 웃어줄꺼지^-^?
기다리고있을테니깐 꼭 와야대~^^
- 윤태상

오빠
나와써 ㅜㅜㅜ
진짜오빠 내꿈에나왔을때 내가가지말라고 잡았는데
오빠가웃으면서 알았다고했자너!!!!
근데 왜가버렸냐ㅜㅜㅜ
진짜보고싶다 ......
- 홍승아

좋아... 한번 만나기로 했으면서 ;;
먼저 하늘로 갔냐 ...
얼굴 함 보자면서 ...
-고용

김종 모야..........
모하는애냐? 바보같은 자식
우리집에서 술먹고 같이 놀고
상업지구에서 인상쓰고 포켓볼도 가리켜주고
집에도 같이오고 지하철도 같이 놓치고
너에대한 좋은 기억 많은데 이새끼 어이없이 가고 있어.......
근데 난 그르타 너 아직도 그냥 마냥 살아 잇는거가테
연락하면 전화받고 문자받고
잘 지내냐고 싸이에 글도 남기고 해줄거같애..

짜식 이거보면 답글달아놔라^^,,,,,,
-김예은

아.....
만나기로했었는데!!
어제 의정부 가서 병원 가니깐 남아있는건 니사진뿐...
부모님 많이 슬퍼하시던데 옆에서 위로되는 말은 하나도 못해주었네....... 근데 기분이 나쁘다...
나 가기전 얘기 들었는데 친구들 그러면은 안되는건데 하면안되는짓을 했네 ...
아....우리가 조금만 빨리만나서 한잔했으면은 ....
휴학 하지않고 계속 학교를 다녔다면...
어제 애들 많이슬퍼했는데... 마지막 얼굴본게 어끄제같은데 3 ~4개월이지났구나..
나 맨날 술먹고있을때 가끔 연락와서 상영이네서
술한번 먹자 이렇게 반갑게 전화왔던게 어끄제 같은데....
우리종...!! 화이팅!! 좋은데가서 편히 쉬고 이제 맘고생 안해도되니깐...
좋은데가서 남부럽지 않게 살어..
휴..................................
어이가 없어서 눈물도 안나오네..
그 김씨///
뭐 친구 하나 잘못됐다고생각하면은 그만이지만..그러기엔

이미늦어네..
우리 몇년이 지나서일지 모르게지만 어디서든 한번 정도는 만날수있게지?^^
그때까지 내가사는 세상과 다른 세상에서 잘지내고있어!!!!
ㅜㅜ
보고싶을때언제든지 내꿈에나타나서... 순호야 한잔하자... 해........ 보고싶었는데...
잘가 안녕.....
-홍순호

쫑!!
이새끼 얼굴보자면서 ,,, 이러기냐 술베틀 뜬다면서 ,, 우리 소중한 추억도 있고
좋은친구 좋은동기 였자나 ,, 지금도 마찬가지고
좋은데가서 나 열심히 하고 있는모습 지켜보고 있어 ~ 막 나쁜짓하면 나 혼내버려 ~ !!
보고싶다 ,,,임마 좋은데서 편히쉬고
우리 착하고 멋있었던 김종 사랑한다 ..
-송우진

병신아
니시범단 나가고나서 연락안했다고 일촌끊고 쌩깠다고
이딴식으로 복수하기냐 .... 니 웃음소리 다시한번 듣고싶다
-강태주

성북역에서 엊그제 밧는데;;
그개새끼 찾음 내가주겨줄꼐
좋은곳으로가
-김영준

부디 좋은 곳으로 가서
더 행복하고 좋은 모습으로 지내길 바래 ..
경근이도 너가 좋은 곳으로 가길 바랄꺼야 ..
-임미량

나빴어 진짜...
왜 갑자기 그렇게 가버린건데
다시 도장사람들끼리 모여서 운동해야되잖아
근데 왜 벌써 가버린거냐고
-유승현

종아 이놈아~!!
너 이자식 시범단 나가고 연락 한 번 없고 일촌도 끊고,
너 나랑 트랜스포머도 보구 찜닭도 먹었으면서,,
이자식 ㅠㅠ 연락 한 번 없다니,, 처음에 니 소식듣고 진짜 못믿었었는데
이렇게 싸이와보니까 슬퍼하는 사람이 많네..
종아, 아직도 선배는 믿겨지지않는단다,,

종이는 항상 조용해서 선배한테 말도 잘 안하고,, 근데 그거 생각난다 축제땐가?? 단실에서 잘때 너 자는척하다가 걸린거...아 그때로 다시 돌아가고싶다..
종아 임마 보고싶다,
부디 좋은 곳으로가서 편히쉬려무나..
-유정아

형 휴누나 꿈에만 나오시고 진짜
이러기에요 ? 완전 실망할것같아요........
그리고 형이 이렇게말했죠 초지일관 잘 생각해바라 뜻을 ㅋ
그래야 끝까지 가서 나랑 같이 체육관 하지
이렇게 말하셔놓고 먼저 가시면 어쩌라는거에요...... 저 혼자두고................
그리고 저 형 없으면 진짜 인생살맛않날것같아요......
그니깐 오늘 제발 꿈에좀 나와주세요.....
형이 초지일관 잘 생각하라고 하셔서
지금 계속 실천하려고 노력중인데........
- 박지용

종아...
좋은 곳으로 가야돼...
- 황정동

종아 ..
오늘 너의 소식 들었다..휴.. 믿기지가 않는구나..
요새 들어 내꿈자리가 좋지 않았는데..
아무튼 부디 좋은곳 가서 행복하거라~
- 김하애

형......
연극하시는거죠?
오래못봤는데 오랜만에봐야죠..
형......장난이라고 말해요
형..형
-엄지인

종아..
좋은곳 가서 멋진 태권도사범이 되어라..
종아.. 보고싶을거다..
- 윤성열

오늘 오랜만에 널 보러 가는구나.
부디 가장 행복했던 모습으로
부디 좋은 곳 가서 행복하길 빌게.
- 이용호

이봐 23일날 공연 같이 하자고 약속했잖아.... 약속을 깨면 어쩌자는거냐....
- 성태

종이랑 같이 찍은 사진이 한개도 없다..
이렇게 글남기는거 처음인데..
너의 홈페이지가 업데이트 됬다고 올라 올때마다..왠지 모르게 떨린다
인제 눈물이 나올 시기는 지난거같아..너 갔다는 소식에 많이 울었다
이자식아 좀 조심좀 하지..
이 사진은 경희대 행당 체육관 놀러왔었지?
그때 그 체육관에서 야경찍은 사진이야
또 같이 볼수 있었으면 좋겠지만
언젠가는 그럴수 있겠지
-강민재

야..쫑....
너 나랑 술먹기로 했잖아...
태진이랑 상화랑 나랑 애들이랑 모여서 술먹기로 했잖아..
아직 안먹었는데 너 어디갔냐...술먹기 싫어서 도망간거냐...
중3때 보드게임하던거..다 기억나고...
고1때...우리학교 축제한다니까 그 먼 의정부에서...목동까

지 와서 너 디카 샀다고 나 춤추는거 찍어준 동영상...
아직도 갖고있는데.......볼때마다 니 생각 날텐데 어쩌냐....
나 연주회때도 세준이랑 같이 와줬었고...
넌 태권도고수되고.. 난 검도고수되기로 했잖아...너 없는데 나혼자 고수되면 ...뭐해...
연락 뜸하다가 대학 입학식날 시청각실에서 너 보고 완전 반가워 하던것도 기억나고..
학기초에 같이 지하철타고 가던 친구가 너랑 내얘기 듣고 신기해하면서 인연이라고 말했던것도 기억나고...
둘이 장안반점가서 밥먹던것도 기억나고..
학교랑 집이 너무멀어서 친구네집에서 자고 학교간다던 문자도 기억나고...
오늘..태권도 단심사 보는데...
1학기 태권도 한마당할때 너가 나 품새하는거 보고 잘한다고 칭찬해줬던거 생각나더라...
너 겨루기 하던것도 기억나고..너 시범단에서 시범보이던것도 기억나고...
지금 뭐하냐고 문자하면...금방 답장올거같은데...........너 가는길 못가봐서 미안하고...
나한테 해준거 많은데 난 해준게 없어서 너무 미안해...꼭 좋은데 가야되...가서...푹 쉬어.............
여기서 힘들었던거 다 버리고....좋은 기억만 가지고 가...
보고싶을거야......잘가....
-한소영

김종
외자 이름인 오빠
고1때 처음만났던 오빠
내가 제일좋아하던 엠투엠 - 약속 불러주던거 억난다.......
오빠랑 만세오빠랑 막 노래방가면
맨날 SG워너비나 엠투엠노래만부르고
예전에 수진이랑 같이 갓을때
오빠가 살다가 부르다가 삑사리난거 기억난다
그때 그거 우연히 녹음하다가 녹음됫는데
핸드폰 바뀌면서 지워져버렷네....
몇일전에 그래 일요일날
내가 오빠한테 알바해서 돈벌면로스 생고기 배터지게 먹여
준다 햇잖아 ....
그약속 나 못지키는거네.............나 거짓말쟁이 만들셈이야?
오빠 나 기억력 되게 안좋은거알지
근데 이상하게 오늘은 빠랑 잇던 옛날일들이막 새록새록
기억이난다?
오빠도 너무한다
아주머니한텐 오빠밖에없는거 알면서 먼저가냐.......
완전 나쁘다 !! 오빠정말
저번에 사범님이 알려준 호신술 어디다가 헛배웟어!!
이럴때 써먹으라고 알려준거자나 ....
바보야 똥개야 멍멍아

이제 한참 꽃이 필나이에 꽃봉우리가 꺾여버리니
우리 종오빠
제대로된 연애한번 못해보고 그러고 가네...............
미안해 정말
오빠
편히쉬어 ....
-김지연

형 저왔어요 ^^
고2되니까...요즘 너무 시간이 빨리가여...
그만큼 형이 너무 보고파여....
점점 ....못보니까 막 잊어져 갈라고해요...ㅠ
그러지 않게 꿈에라도 좀 나와봐요
나도 태권도 다시 하고싶어요.... 정말 하고 싶어요....
고졸 하면 다시할까..생각중이에요....
형도.....그곳에서 열심히 날아다니고 있겠죠..??
형도 잘있구.......나중에 다시들릴께요
-명진호

미안하다.. 오늘에야알았네.. ;;;
부디 잘가라.. // ㅠ
-김천성

ㅋㅋㅋ 형아야 위대한 내가 간만에 왔다
쵸낸 캐 까불이 승운이 ㅋㅋㅋㅋㅋ
이글을 쓰면서 또 생각난다
우리가 마지막만나서 잠실간다고
웃고 떠들던 그때가...............
ㅋㅋㅋㅋㅋ 쫑!!! 언넝 나에게 연락을해
이렇게 반말하는데도 연락 안하면
죽어 ㅋㅋㅋ 스파링떠 알겠지?? 꼭 연락해!!
기다릴게~ 형아.................
정말 많이 보고싶다.......................
- 김승운

형
자꾸생각나........
도복입을때도 운동할때도 발차기 찰때도 미트잡을때도 기합소리도 생각나구
형처럼 태권도에 해 열심히하기러 했자나 평생수련하자며~~ 치사하게~가버리다니
걱정하지마~그래도 내가 형몫까지열심히할게!
도장도 걱정하지말구 편히셔 형빈자리 안느껴지게해야되는데
나부터 형이자꾸만생각나자나
나이제 곧이씀 실기야! 물론형이 도와주겟지?
기대할게~선수안만나게해줘 ~~~

실기끝나고 술먹자는약속........ 팝콘공연.....시범같이하기로 했자나
형만큼 마음맞는사람이 또있으려나
형이막 술먹고 사랑한다고 문자왔을때 이상하다고 이말못한거같다
사랑해 형~
형몫까지다할수있게 마니도와줘! 나도열심히할게!!
담에또올게형~
- 안성민

오빠
왜 혼자갓어요.. 나 아직 체육관안돌아갓는데..
저녁도 안사줬잖아요
예은이랑 나 저녁사준다고 약속햇잖아요
레고딸 두고 아빠 혼자가면어떻게요
아빠랑 연락도잘안햇엇는데
나 좀더 여유로워지면다시같이가서 운동하기로햇잖아요
아빠군대가잇는동안 나는 열심히 공부하고 아빠는
열심히 훈련받고 2년뒤에 보기로햇잖아요
근데왜 그렇게 갓어요.. ...난 병원도 못가봣는데
아빠 너무 보고싶어요.. 나 오늘 빨리 잘테니까
꿈에라도 나와야되요 알앗져?
정말 정말 보고싶고... 푹,,, 편히 쉬세요..
- 최진운

졸업선물 잘 받았어요 형 ~
꿈에서 형이랑 겁나 열심히 운동했는데 ㅋㅋ
담에 또 운동같이해요 형~ ^^
-이동훈

초등학교때 우리 친했었는데? 그치?
초등학교5학년때 우리집에서 니가 처음으로 스타크래프트 보여줬었어!
ㅋㅋㅋ아직도 생생히 기억난다! 파이어뱃이 마린 몰살 시킨 장면...ㅋ
잘 지내~
- 이민용

좋아...
오랜만에 들어오네...
어제 동국대에서 추가합격됐다고 전화오더라
지금 난 너무 행복하구나 ㅋㅋ 너도 축하해줘 ㅋㅋ
그런데 문득 니 생각이 나서 들렀어...
이 행복은 아마 나를 둘러싼 환경과 가족 친구
그리고 너를 비롯해서 내게 가져다줄지도 모른다고 생각해
이 모든것에 감사하고 또 미안해... 재수할때 날 격려해줘서 너무 고마웠고
편히 쉬어...
-김대철

종이야.. 네 49제인거 이야기 듣고도 여러가지 일 때문에 글조차 남기지 못했구나..

시간이란 참 무섭지?? 너를 잊지 않겠노라 해놓구도 홈피조차 자주 오지 못하는구나.. 처음에는 자주 와서 살펴보구 갔는데 이제 그거조차도 못하게 되는구나.

어찌 이사람 저사람 꿈에는 잘 나타나는 것 같건만 내 꿈엔 한번도 안나오냐..ㅋ

잘 지내라.. 아픔도 슬픔도 없는 저 높은 곳에서

너를 사랑하고 네가 사랑하는 모든 이들이 고통과 슬픔이 남무하는 이세상에서 잘 지낼 수 있도록 네가 인도해주렴.

건강히.. 잘 있거라.. 마지막으로 널 보러 갔었다..

체육관에 가면 항상 먼저 뛰어와서 인사하던 네가.. 이날만큼은 모이지도 않는 곳에 누워서 아무 말도 안하더구나..

많은 이들이 너의 마지막을 보기 위해 왔더구나..와서 같이 슬퍼하고 눈물 흘리고...

마지막 가는 길.. 외롭진 않았으리라 생각한다..

너를 보내면서..눈물을 흘리지는 않았지만 속으로는 나도 아주 많이 눈물을 흘렸단다..

체육관 아이들이 너를 아주 오래 기억하겠더구나.. 너를 보내고 나서도 아무도 아직 믿기지 않는다고.. 꿈같다고 이야기하더구나...

어머님이 많이 힘들고 슬퍼하시니까..종이 네가 위에서 건강히 잘 지내실 수 있도록 지켜드리렴..

네가 이루지 못한 꿈.. 지금 있는 그곳에서는 무엇이든지 할 수 있을테니.. 그곳에서 너의 꿈을 펼쳐보렴..
저곳에서 항상 건강하고 행복하길 바란다..
잘 지내렴..
- 최현구 사부

종아 사범님이 잊고선 홈피한번도 못들려봤구나... 종이 인기많네~ 밑에 친구들이 이렇게 많이 와주고~ 날추운데 그곳에서도 잘 지내지? 사범님이 항상 기도하고 있다.. 자주 오마! 그리고 니가 이루고자 하는 그 꿈들을 다음생에서는 꼭! 이뤄야한다! 다음생에는 친구로 만나자구나!^^
- 임정균 사부

오빠,
갑자기 무지무지 추워졌어,
감기는 안 걸렸지?
난 내 무적체력믿고, 학교 걸어댕기고있징ㅋㅋㅋㅋㅋㅋ
성민오빠 한체대 간다니!!!
나도 ....ㅋㅋㅋㅋㅋㅋㅋㅋ
오빠 나한테도 힘을줘,
아, 다른사람들한테도 너무너무 많이 줘서, 줄게 없나?
그래도 좀만 나눠주라!!!!!!!!!
성민오빠도 꼭 붙기를ㅋㅋ

오빠도 계획대로 잘 되가고있찌?ㅋㅋㅋ
오빠 가는길에 함께 못한게
아마 평생의 한이 되어버릴거 같아,
사실 아직도 실감이 안나, 저 사진 속 오빠처럼,
도장에 찾아가면 오빠가 "왔어?"라고
어색한미소 지어줄거 같아서,
근데 막상 오빠 없으면 실감할 거 같아서 두려워,
오빠 보고싶어,
나 계속 오빠한테 말거는데 어째서 아무말이 없는거야,
말 좀 해, 말좀.......
- 김예슬

정말 오랜만에 왓네 ^^
나 오늘 롯데리아 회식이라서 집와서 오빠 생각나서 왔어 ^^
문자라두 하면 금방이도 답장 올것 같은데ㅠ
문자두 못하구 그냥 오빠 그립구,생각나구.. 보고싶구...
우리 아직 애기도 많이 못해봤는데..
아 이게 꿈인것만 같고 믿을수가 없는데
현실은 그게 아니라니까 더 미치겠어
그냥 멍해... 말도 안되구...
잠시 외국으로 유학간 느낌 같애...
조언도 많이 구하고 상담도 잘해주는데

나 이제 상담 누구한테해?
내얘기 이제 누구한테 털어놔?
히 ^^....
날씨 이제 차츰 풀렸는데 또 언제 추울지 모르겠넹 ㅠㅠ
눈좀 내려죠 ^^ 나 눈 내리는거 보고싶다 ^^
오빠.... 잘지내구 있는거지?
정말 보고싶다 ^^
옷따뜻하게 입구 잘지내구^^
하늘은 공기좋아? 깨끗해?
아마 하늘에 있으면 오빤 항상 웃고 있을것 같아
둥둥 떠나니면서 모든 세상을 다 보고 있겠지?
내가 뭘 하구 있는지두??
오빠는 알지? 나 일 얼마나 열심히 하는지?
ㅋㅋㅋㅋ 오빠 ^^ ... 종오빠... 정말 보고싶다 ^^
-노유림

오빠... 오랜만이다.. 그지?
나 싸이 한동안 접구 답문도 안보냈는데....
오빠 보고싶을꺼야....
-권예은

형...돌아와... 우리추억...
- 장민준

안녕??ㅋ 나 왓어 ㅋㅋ
밥오쫑이형 ~ ~ ㅋㅋ
꿈에 또 와가꼬 날 못살게구니 ㅋㅋ
에이 ~ 개구쟁이 ㅋㅋ
그래서 컴터 키고 들려밧어 ㅋㅋ 머하나하고 ㅋㅋ
아 .. ㅋㅋ
그리고 왜 오토바이 타도 놀다가 갑자기 사라지는건먼데;
왜 나만 또 놔두고 갓는데 ㅋㅋ
에휴 ~ 밥우띵 ㅋㅋ 아무튼 ㅋㅋ
잘살고 잇는것갓으니 ㅋㅋ 이제 안심이되 ㅋ
고마워 ~ ^^
하늘나라에서도 행복하게 잘살아죠서.........
저번에 형이 꿈에 나왓을때 약속햇던거 지켯네 ㅋㅋ
잘햇어 ㅋㅋ 그럼 나 또 졸려서 가봐야대 ㅋㅋ
빠빠싱 ~ ~ ~ ♡ㅋㅋㅋㅋㅋㅋㅋㅋㅋㅋ
- 이호연

잘살고있지? 걱정되서와밧어
아무리생각해도 믿기지가않는다...
중학교때 기억과 추억이 아직도 새록새록한데...
우리집에도 자주놀러오고그랬잖아 ㅜㅠㅠ
멀리서 어딘가에 지켜보고있지?
거긴 따뜻하나? 아무튼 추우니깐 감기조심하고

내가 많이 기도해줄께
친구야 ..그럼 부디 편한할수 있기를...
- 박인희

내가 없는동안 많은 일이 생긴거같네..
종이 이번에 휴가나오면 진짜 꼭한번 보고싶엇는데
이런일이 생기다니 참 슬프구나
에휴 좋은곳으로가서 편하게 쉬렴
후..... 형이 기도 많이 해줄게
-윤미루

용민이한테 들어서 알았어,
좋은 곳으로 가서 편히 쉬렴,
어떻게 말을 써야 할지 모르겠구나..
-김혜민

야
어떻게 된일이야 ㅠㅠ 나 너무 놀랬엉
대체.. 무슨일이 있었던거니
나너한테 잘못한 일 많은데..
정말..아직 얘기도 못했는데
헐................. 진짜 충격이야
어떡행 ㅠㅠㅠㅠㅠㅠㅠㅠㅠㅠㅠㅠㅠㅠ

진짜... 좋은 곳에서 잘 살길 바랄껭
아어떡해...........
-김용민

운동끝나면 사당버스에서 한숨자고
헤어지기전에 담배피면서 젓같다고
1년 빨리 지나가라고
같이 한숨쉬면서 웃던게 엊그제같은데..
믿기지가 않는다..
-임한별

좋아,
내 생활에서 딱하나가 변했다,
너한테 연락 안오는거 ,,
매번 문자로 "선생님, 뭐하세요?" 라고 왔었는데 ,,,
안오니까 이상해,
오늘도 알바하면서 주말엔 항상
"선생님, 알바하세요?" 이렇게 문자해줬는데 ,,
정말 아무것도 변한게 없는데
너라는 동생이 없으니까
왜이렇게 삶이 허전하고 ,,,
빈소찾아 갔을때 아닌거 같아서 올라가지도
못하겠더라, 너 화장하러 갔을때

그 빈소를 떠나지 못하겠더라 ,
청소하는 아줌마들 보면서 왜 치우냐고
묻고 싶기도 하고, 청소 끝나고 휑한
그곳을 보니까 에이 설마~ 이런생각까지 했다,
갔다 와서도 믿지 못하는 내가 ,,
지금 여기와서 괜히 믿어지는건 뭘까?
진짜 너 없나봐... 아파, 자꾸 아파,
- 김혜진 선생님

종아 잘 자고 있냐
너 내꿈 안꾸면 긴장해..!! ㅋㅋㅋ
보고싶다 우리 언제 한 잔 하냐
-유승아

종아
2년전에 일 미안하고... 오해도 풀지 못했는데
벌써 하늘나라로 가면...
그래도 하늘나라에서라도 내 사과 받아주길 바래
고1때 나랑 너랑 만세와의 함께했던 추억들 잊지 않길 바랄께..
- 홍혁준

종아 나 오늘 휴가나왔어

근데 왜 여기에 없니......
믿기지가 않는다 같이 운동하던때가 생생한데
항상 열심히 하는 모습 정말 보기 좋았는데
멋진 친구 또 잃어서 서운하다
그곳에서 편히 쉬어 .. 보고싶다
-김경근

연락받고도 못가서 너무 미안하다...
화장할때라도 가려고 했는데... 일이 너무 많아서 가지 못했네... 일끝나고 보니까 5시더라... 수원에서 의정부까지 꽤걸리더라...
너한테 미안하고해서 혼자 술마시면서 니 생각했는데 더 미안해지더라...
다음 생에선 나보다 먼저 가지마라
그때는 더 친해지자 다음엔 형님처럼 대해줄테니까 편하게 쉬어라...
미안하다 좋아...
-정명철

우리..다음생에선... 다시 만나자...
널 이렇게 보내는게 정말 쉽지 만은 않네...
아직도..니 웃음.. 니 모습..니 행동이 눈에 선한데...
미안하다...미안해...
- 안효재

종이형 형에 대해서는 많이 알지는 못했지만;;
그래도 이렇게 가시다니 허무하네요;;
진짜 좋으신 형이셧는데;; 이렇게 가시는게 전혀 안믿기네요;;
부디 좋은곳으로 가셔서 운동도 열심히하시고 좋은 여자만나세요;;
고인의 명복을 빕니다;;
형 잘가세요~~ㅠ
- 정현범

형..우리만난지
별루안됫는데 형이렇게가네
장난이지 ?? 형웃음소리가 왜 이렇게 듣고 싶은지 ..ㅎ
형..잘가^^ 하늘나라가서 편히쉬어.
-남궁호

아..아무래도 너 가는 거 못본 게 맘에 걸린다...
후..창호도 어이없어 하더라..
-김원기

종아..
보고싶다.. 깔깔깔.. 웃는 소리.. 너의 웃음 소리..
듣고 싶구나..
-윤성열

동대문에서 나 옷골라준다고 웃으면서 같이 했던때가 생각난다..다신 못볼생각하니까..슬프냐 정말 생각해보면 항상답답할정도로 여자랑 진도도못나가고 순진하고 착했는데,,너무 아쉽게가버려서 마음이 아프다.
종아 정말 다음생에선 더 좋은인연으로 만나자.!
기도할께 잘가 친구야
-이민우

야..
태권도고수 김쫑.....
우리 모여서 술먹기로 해놓고 어딜간거냐...
나 사실 아직 실감도 안나..
너한테 문자하면 답장올거같고...
오늘 태권도 심사 보는데...
1학기때 태권도 한마당할때 너 겨루기 하던거 생각나고...
그러더라...
보고싶다........
꼭 좋은곳 가야되.....편히쉬어...
-한소영

어끄재 몸이 그리 아팠던건 널 보내기위해서 그런거였을까? 유난히도 아팠던 날 니가 갔다는 소식을 들었어. 머리가 멍해지더라. 휴...글케 태권도 배워서 뭐했냐 냅다 얼굴이라도 차주지..

종아 부디 좋은데 가고 거기서 우리들 봐주라. 너 웃는 게 이리도 눈에 선한데 네가 없다는게 실감이 안가는구나. 종아 부디 좋은데 가.

–신용희

형아나민주!생각나나..?형첨에3관으로왓을때강일이형대신에...ㅎㅎㅎㅎ형우리랑친하지도않앗고막서막서막햇는데..ㅎㅎㅎㅎ막겜하는데내가형한태공패스해줫짜나 ㅎㅎㅎㅎㅎ그때부터친해젓어우리 ㅎㅎ나발차기못한다구맨날웃고..ㅎㅎㅎㅎㅎ나글고태권도끝엇어..ㅎㅎ그때부터우리못밧찌?ㅎㅎㅎㅎ휴....형아위에가서두잘쉬고편하게살어형아,..

고인의 명복을 빕니다..

–민주

종아 마지막가는길 곁에 있어주지 못해서 미안하다...... 이해해 줄꺼지? 그렇다고 너무 미워하지말고..

꿈에서 종이너랑 애들 몇명이서 내차타고 애들끼리 놀러가는꿈 꿨어..... 종아..... 꿈에선 한없이 웃고만 있었는데..... 곁에 있어주지 못해서 미안하다..... 미안하다 친구야..... 미안해......

– 홍성관

며칠전까지만 해도 서로
번호 안바꼈다고 이제 자주 연락하기로 했었는데...
진짜 꿈같고 안믿겨요.....
오빠 진짜 어쩌다가 이런일이 생긴건지 모르겠지만.....
정말 좋은곳으로 가세요..
태권도도 진짜 좋아하셨던 분인데 이제 해야될 일도 많으신데
정말 이런일이 생겼다는게 너무 안믿기지만...........
꼭 좋은곳으로 가시길 바래요..
-이수민

형
좋은곳가세요.......
하늘에서도
형은멋있는 종이형이겠죠?
-하늘

어이가없다...ㅎㅎ
초등학교때는 정말많이친했었는데..중학교때
반 엇갈리고 그래서 초등학교때처럼 사이가 친하지는 않았지만 .. 그래도 저번에 버스에서 우연히 봤을 때 반갑게 인사했었는데..
.......나중에 술 한잔 하자....
- 김원기

사랑하는 종아.. 누나가 맛있는거 좋은거 한번 못사줬는데 그냥 그렇게 가는구나.. 좋은 곳에서 편하게 쉬렴. 큰이모와 할아버지도 계시니까 너를 잘 보살펴 주시리라 믿는다. 종아 너무 보고 싶구나... 사랑한다

- 박은정

종이형... ㅠㅠ 왜 지굼갔어.. 진짜 말도많이 못해가지고..형 좋은곳으로가... 안녕...

- 이철하

하늘로 보내는 편지

인쇄 2011년 7월 29일
초판1쇄 발행 2011년 8월 5일

지은이 박일소
펴낸이 양상구
편 집 김초롱
펴낸곳 도서출판 채 운 재
주 소 서울시 중구 충무로2가 49-8 서울빌딩 202호
전 화 02-704-3301
팩 스 02-2268-3910
핸드폰 010-5466-3911
이메일 ysg8527@naver.com
정 가 10,000원

ISBN: 978-89-93829-28-0 (03800)